旅は歩いて

日本一周・野宿紀行

飯野頼治

日本一周コース略図
老春の旅・徒歩コース - - -
青春の旅・主な島と岬 ●
宗谷岬
紋別
知床岬
礼文・利尻島
士別
釧路
納沙布岬
天売・焼尻島
帯広
湯沸岬
札幌
苫小牧
積丹岬
襟裳岬
地球岬
恵山岬
奥尻島
函館
尻屋崎
竜飛崎
青森
蕪島
八戸
北山崎
入道崎
大曲
遠野
トドケ崎
飛島
仙台
金華山
新発田
富山
所沢
隠岐諸島
経ケ岬
敦賀
清水
御前崎
日御碕
小豆島
和歌山
鳥羽
大王崎
津和野
徳島
青海島
対馬
潮ノ岬
壱岐
下関
室戸岬
奄美大島
奄美諸島
徳之島
平戸
佐伯
宿毛
足摺岬
沖永良部島
五島列島
天草島
鹿児島
都井岬
与論島
N
佐多岬
種子・屋久島

はじめに

日本一周を二度した。

最初は昭和四十一年四月から、四十二年三月までの三百三十日間。全国の代表的な一〇〇山を北から南へと登山した。その記録『百山紀行』は、河出書房新社選定の「旅」に関する重要参考文献の一つになった。

二度目は、平成十二年五月から十四年八月。三年に分け徒歩で、六千六百キロを踏破した。百七十七日間、宿泊は全てテントだった。おもに山村を巡り、若き日に登った山々を眺める、回想の旅でもあった。二つの旅の間には、約三十五年の隔たりがある。陽が昇ったら歩きだし、沈んだらテントで幕営。どちらも、気ままな一人旅だった。

一章は定年後の「老春の旅」。二章は一〇〇山登山中、島と岬に漂泊した「青春の旅」である。

目　次

一章　徒歩日本一周（老春の旅）

一　北関東

出立

リュックサックは軽かった。玄関先の花に水くれをしている妻子の傍らをすり抜け、所沢の自宅を出立《しゅったつ》す。平成十二年五月十四日。密かに温めてきた「老春の旅」の一歩を踏み出した。家さえ出ればこちらのもの。当初の目的地は北海道の宗谷岬だ。

五十年前に植えた十七キロに及ぶ、日本一長いケヤキ並木の道を浦和に向かって進む。新緑の中を心地よい風がほほを撫でてゆく。羽根倉橋で荒川を渡り、五時間後にさいたま副都心のビル建築が進む北浦和へ着く。春日部に向かっていると、雷と共にパラパラ雨が落ちてきた。しばらく食堂に避難する。食事をしながら大相撲のテレビを見ていたら、小渕元首相が亡くなった臨時ニュースが流れた。

夕立はあがり出発したものの、空は厚い雲でときおり雨。岩槻《いわつき》に入るころは夕闇が迫っていた。まだ降りそうなので、岩槻公園の東屋《あずまや》にテントを張った。深夜に、話しながら散歩する人やベンチで音楽を聞きながら休む人もいる。最近は無差別の凶悪犯罪が多く、人間が一番危険だ。事件に巻き込まれてはと、初日から不安の一夜であった。

早朝、岩槻橋で元荒川を渡る。薄もやの中、日の丸そっくりな太陽が昇る。旅の前途を祝福し

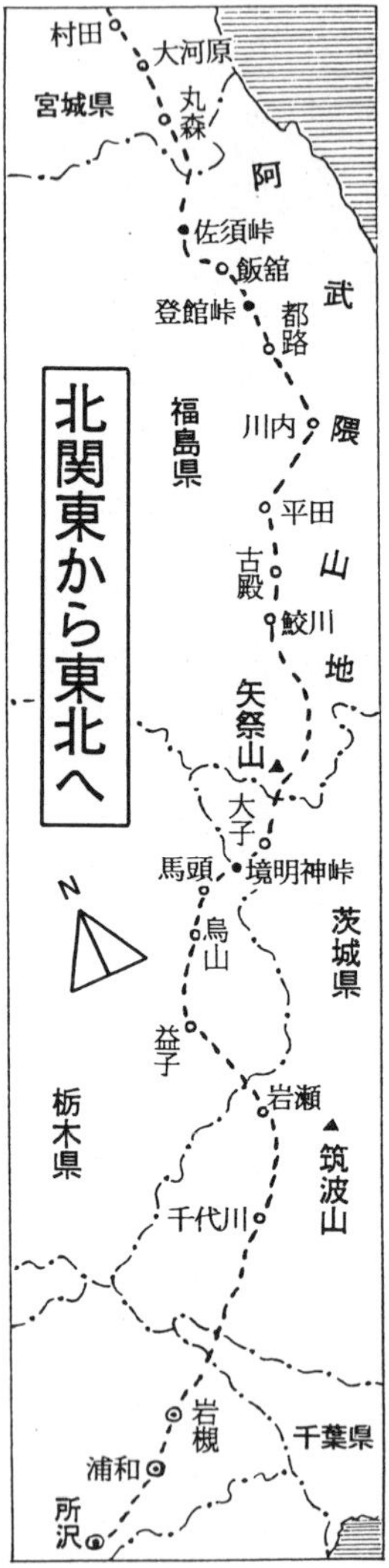

てくれているようだ。春日部市から江戸川の堤に出る。四月の川辺散歩で来たときは、菜の花で埋まっていた堤も、今は他の草花が咲き競っていた。利根川に架かる境大橋を渡り、道の駅で休んでいるとまた雷雨。雨はやむ気配もなく、千代川村の神社の軒下にテント場を求めた。豪雨は夜も降り続いた。

老春の旅の目標はただ一つ。風雨の日でも幕営で、ひたすら歩き通すことである。

烏山町

雨は止んでいた。筑波山の二峰を仰ぎつつ大形橋で濁流の鬼怒川を渡る。今日は朝から快晴。小貝川の土手で、ぬらしたテントやシュラフなどを干す。自転車の農夫が不審そうに見ながら通り過ぎた。乾くまで、持参した寺山修司編の『日本童謡集』を声高に唄う。

右手に加波山《かばさん》を見つつ大和村を行く。岩瀬町へ入り、鴨鳥五所神社の境内で幕営。夜半、ゴォーという唸りに続いて大地がぐらぐら揺れた。かなり大きな地震だ。地面に寝ているので体全体に感じて怖かった。

真岡《もおか》鉄道沿いに、車の少ない車道をのんびり歩く。このローカル線は汽車の走ることで人気がある。ファンのためのSL展望台も造られている。益子《ましこ》の陶器の街をぬけ、烏山に向かって市貝《いちかい》町の田舎道を行く。早苗とカエルの声のみ。一羽のカラスが田んぼのタニシをつついていた。

烏山の市街地へ近づくと、自転車で帰宅する女子高生が「こんにちわー」。元気な声をかけてくれた。小学生はよく挨拶をするが、高校生とはめずらしい。今日は雨の予報に反して薄晴れ。ただし、夕刻からは大雨の注意報が出ている。「雷三日」の言葉があるので、那珂川《なかがわ》の橋下に今夜の宿を求めた。

幸いその夜雨は降らなかった。早朝の烏山市街地へ入り、ウォーキングの人に挨拶をする。見知らぬ初老男から声をかけられ、ちょっと戸惑った様子。烏山は応永二十五（一四一八）年以来那須氏、近世は烏山藩の城下町として栄えた。学生のころ、ここの城下町を舞台とした『蛇姫様』の映画を見たことがある。琴姫役の嵯峨三智子の姿が目に浮かぶ。なんとなく懐かしい町だ。

境明神峠

愛嬌のある馬の標識に迎えられて馬頭《ばとう》町へ入る。栃木県内で、最初にタバコが栽培された地と

境明神峠（栃木県側）

される。タバコ問屋の多かった街村型の町並みをぬけると、金山彦命を祀る健武山神社があった。当地はわが国初めての古代「産金の里」である。聖武天皇に大仏鋳造の金を献上した。

藤の花を見つつゆるやかに登りつめた所が、山すそに小さな鳥居の建つ境明神《さかいのみょうじん》峠だった。茨城県側から五月のさわやかな風が吹く。鳥居をくぐり急斜面をのぼる。二本の松に抱かれて、小さな木の社が置かれていた。本来は下野《しもつけ》と常陸《ひたち》両国を代表する、鹿島神社と湯泉《ゆぜん》神社の境界神を祀っていたのだ。「百姓が肥桶かついで明神様の前を通るのは失礼」との理由で、戦後道端から上方の斜面に移された。

大子《だいご》側へ下るとすぐに民家が現れた。まもなく如信上人終焉《しゅうえん》の法竜寺に着く。親鸞の孫にあたり、東北地方に真宗を広めた人である。カヤとイチョウの老樹が目を引く。イチョウは幹が数本に分かれ、一本の大樹になっている。目通り十一メートル、樹高三十三メートル。樹齢は六百九十年という。

下校中の人なつこい男の子と話しながら三十分以上も歩く。学校まで遠く、小学二年生の足では毎日の通学が大変のようだ。くたびれたのか、最後は後ろからリュックにつかまってきた。大子駅でうどんを食べてから、テント場をさがしに久慈川《くじがわ》沿いに出る。土手で男女数人の高校生がタバコを吹かしながらたむろしていた。こわごわ前を通り過ぎようとしたら、「旅行ですか、よい天気ですねぇ」。明るく声をかけてきた。

二　東北縦断

八幡神社

みちのく福島県に入り、しばらく阿武隈《あぶくま》山地を北上することになる。矢祭山《やまつりやま》は花崗岩の岩山で、奇岩をかかえた桜の名所。早朝だったので観光客は見えず、売店の人が準備中だった。一日中田舎道を歩き鮫川《さめかわ》村の道端で幕営。カエルの声が一晩中うるさかった。

山間の小さな田んぼを見つつ、商店のほとんどない鮫川村の市街地へ入る。古殿《ふるどの》町になると「やぶさめ」の文字が目につく。パトロールカーが車を止めた。「どこから来たの、地図は持ってる、靴は大丈夫、乗って行かないかい……」。警察官は若いころヒッチハイクの経験があるといい、それで声をかけたくなったのだろう。「田舎にも悪い奴《やつ》がいるから気をつけて」の声を背に八幡神社へ向かった。

神社は奥州の乱の平定記念に、源義家父子が建てたという。唐獅子牡丹《からじしぼたん》の狛犬、立派な随身門《ずいしんもん》、大きな絵馬堂などが森に囲まれた神域の中にあった。秋の大祭に行われる流鏑馬《やぶさめ》には、各地から多くの観光客が訪れる。田んぼへ出かけるところだった、二十八代竹貫宮司の奥さんと話をする。

「神社の前一帯は全部うちの土地だったんだがねぇ、農地改革でずいぶん少なくなっちまった。数年前、流鏑馬の披露にキルギスタンまで行ったんだよ。お茶でも飲んでってもらいたいんだが、田植えが忙しいんで申しわけないねぇ」。

阿武隈山地

大笹山のゆるい登りになる。ここは阿武隈丘陵の一角で、登り切って平田村へと下る。降り出した雨はやみそうにない。まだ四時と早かったが、菅船神社の社殿の隅にテントを張らしてもらった。

いくつかの峠を越えて小野町へ入り、雨の中を矢大臣山の北側を越えて行く。振り返ると阿武隈のなだらかな山並が広がっていた。川内《かわうち》村へ入るころようやく雨はあがる。車のほとんど通らぬ道。農夫婦が田仕事の手を休め、のんびりと道の中央に腰をおろして休息している。田の畔にテントを張る。

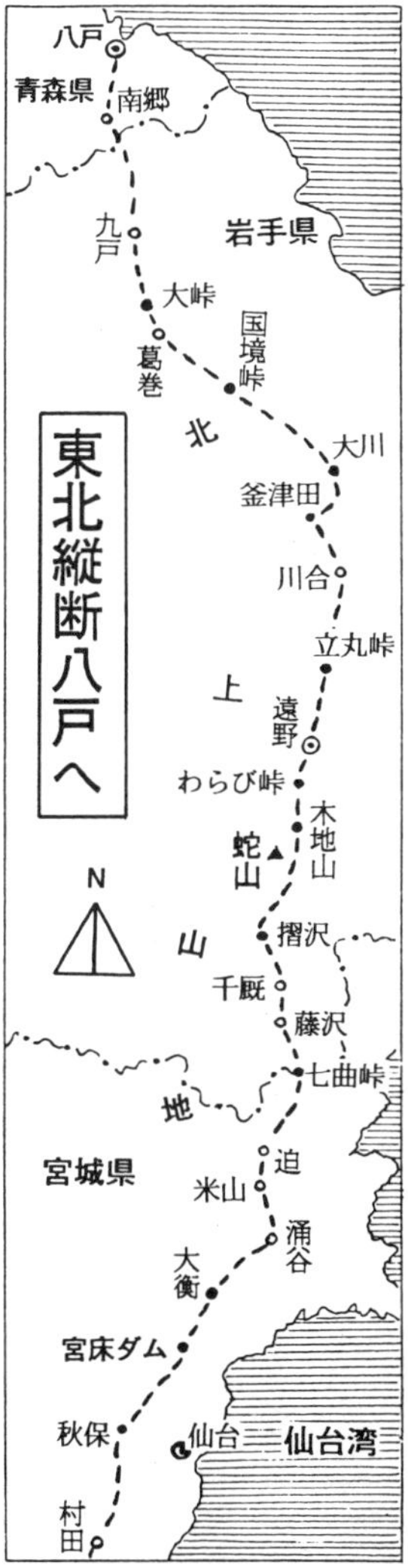

都路《みやこじ》村との境の峠に着き朝食。丸いむすびを落としてしまい、田んぼへ転がり出した。あわてて追いかけ、むすびは無事だったものの足がもつれて自分が田へ落ちた。「おむすびころりん」の話を思い出して苦笑。

新聞の配達員がバイクでせわしく通る。阿武隈山村の民家は道路から離れて奥にある。新聞受けは道沿いにあり、すぐに次の民家へ行けるようになっている。登館峠にさしかかると展望が開けた。新緑の中、心地好い薫風《くんぷう》……。会った村人に徒歩旅行中だと告げると、「楽しいことやってるなぁ、余裕だねぇ」。うらやましがられた。

飯舘村の役場は五年ほど前、広々とした開拓地に建てられた立派な庁舎。図書館、老人ホームなど各種施設が整っている。広場のベンチで休んでから小さな佐須峠を越える。杉丸太に腰掛けて一息入れていると、作業着姿の婦人が話しかけてきた。そのうち側《そば》のブルドーザーに飛び乗り、木材置場から巨大な丸太を引きずって来た。阿武隈の女性はたくましい。

村田町

霊山《りょうぜん》町で福島県と別れ、宮城県の丸森町に入る。川平の稲荷神社境内で幕営。夜中にいきなり雷雨が襲う。あわてて闇の中で荷物を抱え、神社の拝殿に逃げ込んだ。

丸森の市街地には斎理屋敷があった。江戸後期から明治に繁栄した斉藤家の屋敷跡である。町に寄贈されて、今は蔵の博物館として公開している。六百円の入館料は高いと思ったが、見応えはじゅうぶんだった。今夜の宿は手代木沼の栈橋《さんばし》の上。沼はハスと二百羽の白鳥が飛来することで知られている。久し振りに快適な幕営地を得て喜ぶ。

宮城県では街のあちこちで、千葉姓の看板や標識が目につく。村田町の古くからの知人、せつ子さんも千葉姓である。鎌倉幕府の重鎮千葉氏は、本拠地の下総から日本各地に分流した。陸前（宮城）の千葉氏が最も栄え、現在でも各方面で活躍されている人が多い。

三十年前、村田の千葉さん宅を訪ねるとき下車した大河原駅は、きれいに整備され田舎の駅から変身していた。駅前のマロニエの木陰のベンチで休み、腹ごしらえをしてから村田町へ向かう。城下町村田には、まだ蔵造りの商家がいくつも残っている。江戸時代から紅花の集散地で、「村田商人」として知られ京都方面に出荷していた。

五月なのに夏日、白鳥神社の木陰で休む。白カシ、イチョウ、ケヤキなど巨木が多い。「蛇藤」は参道をまたいで杉にからみ、てっぺんまで紫の花を咲かせていた。樹齢八百年、長さ五十メートル。前九年の役で義家が敵に囲まれたとき、この藤が大蛇になって救った。

宮城の町村

村田をあとに、仙台平野の西側を北上し支倉《はせくら》へ入る。支倉常長の墓は円福寺の裏山の展望のよい高所にあった。常長は伊達政宗の命でヨーロッパに渡り、ローマ法王に謁見《えっけん》した。近くの滝前不動の藤は、根元から三つに分かれ、その太さに樹霊さえ感ずる。樹齢四百年、国の天然記念物の貫禄はじゅうぶんだ。

峠を越えて秋保《あきう》温泉へ下り、磊々峡《らいらいきょう》をのぞく。川底が深くえぐられ、廊下状のせまい峡谷を作っている。宮崎の高千穂峡に似る。温泉ホテルの明りを対岸に、今夜は分譲地のタンポポがしとね。ホテルのベッドより寝心地はよさそうだ。

深い霧の峠を越えて愛子《あやし》に出て、根白石《ねのしろいし》のかぎ型街道を通る。宮床ダムへ向かうと山深くなり、鹿の絵の書かれた「動物に注意」の道路標識が立つ。突然目の前三十メートルを、真っ黒の熊が脇目もふらず、道を横断して笹やぶに消えた。ダムで休息後、大和町《たいわ》から大衡村《おおひら》へ向かう。広い東北にもかかわらず、両町村の役場は三キロと離れていない。大衡村役場前のバス停は、休息所を兼ねたトイレつき、一軒家屋《かおく》のようだった。

桶谷町《わくや》の路傍《ろぼう》には出羽三山、馬頭尊と並んで、大正八年の秩父「三峰山」の碑があった。三峰信仰の広さの証《あかし》だ。ゲートボール中の老人に道を聞くと、ゲームを中断し指差しながら全員で教えてくれた。今日は風が強いので、旧迫川《はさま》の橋下でテントにくるまって寝た。

米山町の松寿院には当地出身の三代横綱、丸山権太左衛門の墓があった。鏡と遺髪《いはつ》が埋められている。正徳三（一七一三）年に生まれ、十六歳で江戸相撲に入る。頭が盛り上がっていたので、「丸山」を名乗り無敵をほこったが、巡業中三十六歳で長崎にて客死した。

迫町から七キロの直進道路が続く。前方に北上山地が見えてきた。錦桜橋で水量豊かな北上川を渡る。東和町《とうわ》の立派すぎる役場の前を通り、宿場の面影を残す米川の分岐に着く。車の多くは右の気仙沼《けせんぬま》方面へ行く。左の道をとり七曲峠をめざす。隠れキリシタンの里を過ぎ、切り通しの県境に達し、峠を越えて岩手県最初の藤沢町へ下った。

北上山地

早朝、まだ目覚めぬ藤沢の街をぬけて千厩《せんまや》町へ向かう。コンビニ店頭のベンチで朝食。店に入るお客が次々、「どこから来たの、どこへ行くの、目的は……」などと聞く。よほど見慣れぬ風体に映ったのだろう。

宿場を思わせる摺沢《すりさわ》から東に向かい、曽慶《そけい》川にかかるカッパ井戸橋に着く。清流が岩盤の上を流れている。ちょうど橋下がカッパ伝説の「滝の畳石」である。身に着けているものを全て洗濯。体も洗い一時間以上休む。半乾きの衣服をまとい、青空と新緑の中を出発。北上山地の集落を見ながら行くと、先日ラジオの『ふるさと便り』で紹介された砂鉄川に出合った。国道と離れ川沿いの道へ入る。今夜は清流のほとり、こじんまりとした砂地で最高の幕営地。

カジカの里の清流に沿い、さらに奥の内野集落へと進む。かつて内野は良質の砂鉄の大産地であった。江戸中期から明治初期までは、製鉄原料として各地へ駄送《だそう》していた。旧家の菅原宅は、製鉄に使った吹子《ふいご》三基を所有している。

最後の民家を過ぎると砂利道になり、本格的な蛇山への登りにかかる。展望も開け北上山地が一望できた。今日は雲一つない好天。万緑の中、牧場のある蛇山へ着く。下りも渓流沿いに緑の

木地山の民家

トンネルで、木地山の小集落におりる。民家の庭先で休息、主人に話を聞く。「三百年ほど前、会津から来た木地師がこの山一帯にいて、ここへ住み着いたらしいねぇ」

木地師とは、原木を求めて山を移動しながら、椀や木鉢などを作る職人のことである。

遠野散策

今日は、わらび峠を越えて遠野へ入る日。大畑で国道と分かれ新切川沿いの道を進む。広い道もだんだん狭くなり、前方の視界が開けてきた。茅戸《かやと》のなだらかな尾根の斜面が現れる。春にはワラビの出そうな峠で休息後、遠野への十二キロの道を下る。

来内《らいない》地区は早地峰《はやちね》山、六角牛山《ろっこうしさん》、石上山の遠野三山の伝説地。「昔、長女お六、次女お石、末娘お早の三人連れの女神が当地へ宿泊した。夜半、天から神が降りて姉の上に乗る。気づいた妹が自分の上に乗せ変えた。よって末娘が、最も美しい早地峰を手に入れた」。女神たちが逗留した地は、伊豆権現神社として祀られていた。

遠野市役所で地図をもらい、市内の史跡巡りに出る。国道の歩道に馬をデザインしたベンチが置かれていた。座るとおばあさんの語る民話が聞こえてくる仕組み。道沿いには古い道標やキツネの関所などの標識が立つ。伝承園で資料館や曲り家、水車などを見学。名高い『遠野物語』は、地元の佐々木喜善が採話したものを柳田国男がまとめた。

遠野市のカッパ淵

常堅寺の裏を流れる川には「カッパ淵」がある。小さな流れだが、川辺の雑木とマッチして雰囲気がよい。お寺には頭にお皿を乗せたカッパ狛犬《こまいぬ》が置かれていた。残雪の早池峰山を遠望しつつ国道を北にとる。午後から雨模様になり、バス待合室を借りて幕営。

南部の山村

遠野を過ぎると、本格的な南部の北上山地になる。立丸峠付近は深い霧。峠を下り小国川に沿う道を行く。ときどき小集落が現れる。ここは早池峰東方の山深い寒村、地元民はリュックを背負って歩く人など見たことがないのであろうか。不思議なものに出合ったような目線を送る。川井で国道百六号に出て、小さなドライブインに寄る。店では小母《おば》さんが一人ひまそうにしていた。人恋しいのか、食事中ずっと話しかけてきた。山田線に沿って歩き、いくつものトンネルをぬける。川内駅前へ着き夏屋川沿いの道に入る。

夏屋の集落で今も使われている曲り家を発見。写真をとっていると、「何を写しとるんや」。突然うしろから大きな声。ここで撮る対象物などないと思っているらしい。道は砂利道になり車は通行止。車の通らぬ峠越えの道をのんびり歩く。セミしぐれの森林帯に入り、カッコウやウグイスの声もまじる。森をぬけると、展望が開けて北上の山並が見渡せた。峠のタンポポに寝転び、鳥の声を聞きながら白雲をながめる。天気は上々気分は壮快。

峠から緑の野津辺峡を下る。ここは北上山地の中央部、ようやく外山で民家が現れ釜津田《かまつだ》の県道に出る。付近には中学校があるだけ。校庭では若い教師が、二十名ほどの生徒と体育の授業中だった。「こんな学校にも一度は勤めたかったなあ……」。

大川沿いに、県道を岩泉方面へ向かう。車はときおり通るだけ。川崎口になると、屏風《びょうぶ》を立てたような絶壁と岩峰群。何の名前もついてないのが良い。まもなく本流に七滝がかかる。落差はないが水量豊か、七段で落ちる豪快な滝である。滝場は、秩父の長瀞に似る岩畳でまだ観光地化されていない。国道を一時間ほど歩き大川の岩場で砂地を発見、最高級の幕営地だ。夕刻清流では魚が跳ね、カジカが涼しい声で泣きだした。

再び国道に出て国境峠をめざす。峠に立つと、越えてきた北上の山々が一望できた。葛巻町《くずまき》に向かって下ると晴れていた空は急に暗くなり、夕立に続いて大粒の雹《ひょう》が降ってきた。近くの公民館の物置に逃げ込む。止む気配がないので寝床の用意をしていると、二階の天井で何やらガタゴト、ガタゴト。土曜日の今夜は、公民館で催しがあるようだ。これでは安眠できないので、荷物をまとめ物置から退散した。

雨は上がったものの、どこもびしょ濡れで幕営の場所がない。馬淵《まべち》川の橋から身をのり出して適地をさがす。橋を渡ってきた婦人が「何かいるのかしら……」、不審顔で橋の下をのぞきながら通り過ぎた。

八戸市

葛巻町市街地の手前に「塩の道旧道」の標識があった。久慈《くじ》の海岸へ通じるこの道へ入ってから、左に九戸方面への道をとる。北上山地の北部には、一戸《いちのへ》、二戸《にのへ》……八戸《はちのへ》、九戸など「戸《へ》」のつく地名が多い。古くから南部馬の山地で、戸とは馬の牧場のこと。馬は「南部の曲り屋」で家族と一緒に住んでいた。

大峠を越えると長い下りが続く。二十キロも歩き九戸の中心街に着く。今日は冷雨でとても寒い。街で下着を買いさっそく着込む。道端で弁当を食べていると中年男性が近づいてきた。歩いて八戸へ向かうことを知ると喜んだ。「着いたら寄って下さい」。商用で来ていた八戸の人だった。雨は本降りになった。田代のバス停で休んでから、夜は新山神社でテントにくるまって寝た。

天気は回復、日射しが戻り川で全ての洗濯。心身をリフレッシュして県境をめざす。青森県に入ると雑木と赤松の快適な道が続く。ジャズとそばで有名な南郷村を通り、東北最後の目的地八戸に向かう。市街地が近くなり、カラマツ林の中にテントを張る。夕日を沈むまで見てからシュラフにもぐり込んだ。

八戸は漁港としても知られている。ニュースでは一昨日、ロシア船に拿捕《だほ》された漁船の乗組員二十名が、三ケ月ぶりに八戸港に戻ったと報じていた。漁業組合が八千万円支払ったからという。漁民不足からアラブ系の四十人を、漁船員として研修訓練させて乗せるとも伝えていた。

城址を通り本八戸駅で一休みして、フェリー乗り場へ向かう。大きくなった馬淵川に再会。長い橋を渡ると乗船場だった。予定していた八時半のフェリーは、点検で今日まで運休。しかたなく十三時の便にした。フェリーには、海を見ながら入浴できる風呂があった。出発以来、二十四日間ぶりなので二度も入った。夜十時に苫小牧《とまこまい》港着。テント場がなく冷たい小雨の中、バス停留所の隅に張る。北海道の旅は厳しくなりそうだ。

三　北海道東部

勇払原野

六月七日、苫小牧港をあとに北海道の旅が始まった。沼の端から勇払川《ゆうふつ》を渡り、泥炭湿地帯の勇払原野に入る。釧路湿原と共に、ラムサール条約の登録湿地になっている。元は浅い海でウトナイ湖、弁天沼などの海跡湖《かいせきこ》がある。寛政年間、八王子千人同心《せんにんどうしん》が入植。開拓は失敗した。

原野を真っ直ぐに貫く何もない道をひたすら歩く。六月なのに風は冷たい。薄日が出たので、濡れたテントやシュラフを道端に広げて乾かす。再び原野を進み厚真川《あつま》を渡ると、ようやく人家が現れた。二十キロ、五時間の原野歩きだった。

売店前のベンチで休息していると、パトロールカーの警察官に住所氏名などを聞かれた。「あやしい者ではありません、道内を歩いて一巡するところなんです」。「そりゃぁえらいことだ。熊以外でも危険が多いんで、何かあったらすぐ警察へ連絡してくれたまえ」親切にあれこれ注意してくれた。

右に海を見て行く。浜の砂利を採取する工場が目につく。鵡川《むかわ》の市街地をぬけ、海岸から離れて穂別《ほべつ》方面の道に入る。水田地帯になり牧場も現れた。馬の写真を撮っていると、婦人が声をかけてきた。水田と牧場を経営しているとのこと。今朝、苫小牧から歩いてきたことを知ると、「そ

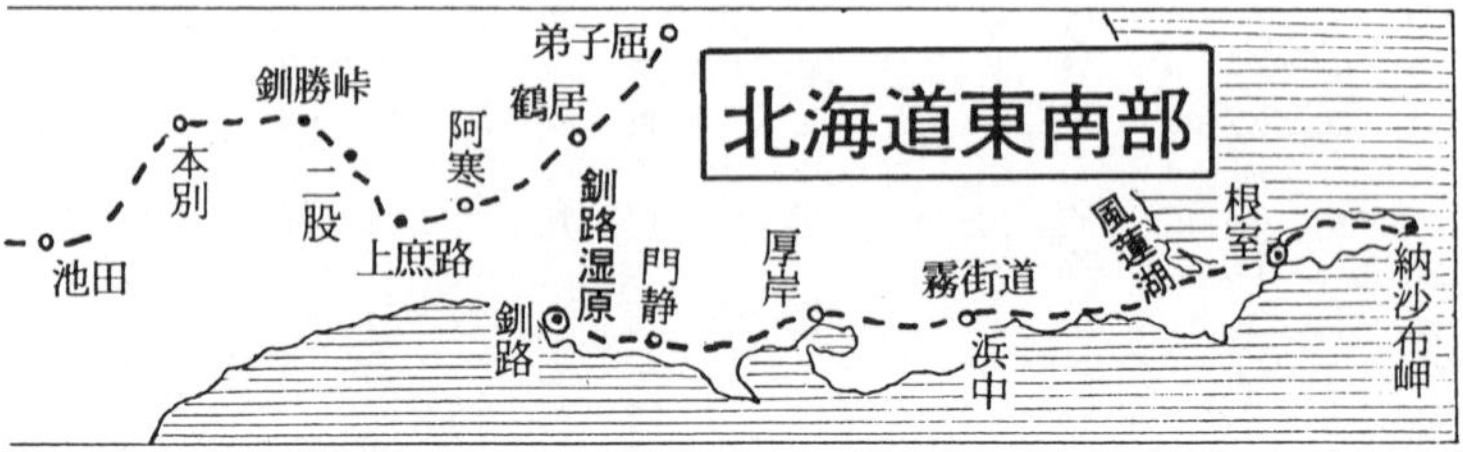

んなに歩けるのかねぇ」。しきりに感心していた。

再び歩き出すと、うしろから数人の女子中学生が追いついてきた。しばらく一緒に話しながら歩く。別れ際に「一周、頑張ってね」の元気な声。北海道一日目の今日は、警察官と中学生に励まされ、弱気になりかけた心が回復する。次の生田地区では、「歩いて来たよそ者は、数年前に物売人が来たとき以来だよ」と言われた。天気が怪しいので、公民館の軒下を借りるため管理者の家に伺う。「黙って使うんならしかたないが、わしの一存では許可できないねぇ」。断られてしまった。

二風谷

峠を越えて日高支庁に入り、平取《びらとり》の市街地に着く。ふれあいセンターの駐車場には「当館ご利用の方以外も、ご自由にご利用下さい」。広い北海道らしい標識だ。街の背後の丘陵に義経神社があった。寛政年間、近藤重蔵らが祀った。地元では、義経が館を構えたことになっている。義経お手植えと称する栗の巨木が神木である。御神体は義経の愛馬だ。全国から馬に関わる人々の信仰を集めている。

アイヌ集落の二風谷《にぶたに》に入る。周辺には牧場が広がり、生まれて間もない

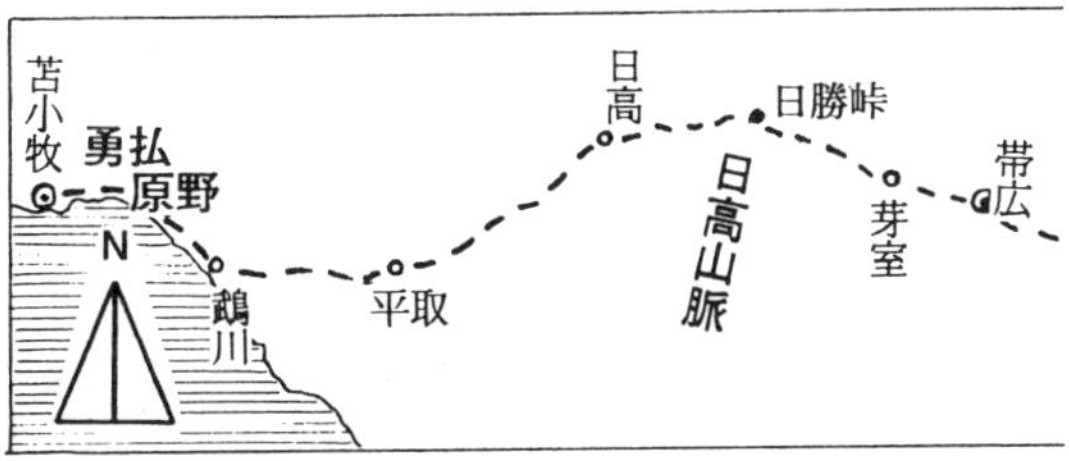

小馬も一緒に放牧されている。三十四年前ガタガタ道をバスにゆられ、二風谷へきた当時の光景が浮かぶ。「この辺がアイヌ人の住んでる所です」。運転手さんに言われて下車した。それらしきものが何もないので、雑貨屋の婦人に聞いた。「アイヌ人はどこにいるんですか」。「わたしアイヌです」無礼な失言に赤面した。

現在は道も舗装され、アイヌ文化博物館、おみやげ屋などがあり当時の面影はない。地元のアイヌ萱野茂氏が四十年間に集めた展示物を見る。館を出ると雨で、雷も鳴りだした。車のシャワーをあびながら二時間ほど歩くと雨はあがる。沙流川《さるがわ》沿いに進み、幌去橋で日程を終りにした。

歩き出して間もなく、うしろから鳩ケ谷市に住む自転車旅行の若者がきた。話しながらしばらく一緒に歩く。「北海道が気に入って毎年来てるんだ。去年の今ごろは三十度の暑さだったんだが、今年はまだ一日中太陽の出た日がないんだよ」。しきりにぼやいた。富良野へ向かう若者と別れると、今度は犬が吠えながら近づいてきた。わたしの姿を見て、吠えない犬では役に立たない。広い北海道では放し飼いの家もあり、犬に少し恐怖感を持っているので迷惑だ。中学生のころ犬に足のすねを噛まれたことがある。

日勝峠

日勝峠

竜門橋で日高町へ入り、役場で資料や案内図をもらう。「これから日勝峠《にっしょう》に向かうんですか」。職員が驚いた顔で聞きかえした。歩いて峠を越える人などいないらしい。道の駅で食料を買い、腹ごしらえをしてから厳しさを覚悟で雨の国道に出る。絶え間なく通る車のシャワーをあびながら歩く。沙流川の谷はせばまり覆道《ふくどう》も現れる。峠の二合目にくると、工事中の新橋が造りかけてあった。幕営はこの橋下の河原と決めた。石ころだらけを整地してから、大きなフキの葉を集めて敷く。寝床が完成したあと、清流で体を拭き、買ってきた寿司を食べる。最悪になると思っていた今夜は、中級ホテル並になった。

覆道やトンネルが続く。「よくもこんな狭い谷に道を造ったものだ」と感心する。峠道は一から十まで合目がついている。千二十三メートルと高所のトンネルが、道央と道東を最短距離で結ぶ。交通量の多い重要な産業道路なので日高町の道の駅では、テレビで峠付近の道路状況を映している。今ごろテレビで、「へんなおじさんが歩いているぞ」などと言いながら見ていることだろう。

八合目を過ぎると峠の尾根がぐんと近づき、周囲はトドマツ、エゾマツ、ダケカンバを主とした原生林に変わる。沙流川の流れも細くなった。九合目から一キロ余りの覆道をぬけると、目の前に峠のトンネルが口を開けていた。雪の残る尾根からの風は冷たい。

日勝トンネルを出ると前方がぱっと開け、眼下に十勝平野の雄大な緑の大地が広がっていた。十勝側の峠付近には雪が大量に残っている。沿道はタンポポの真っ盛り。まだ初春の感じである。久しぶりに、明るい太陽の日射しが戻ってきた。天の中央は真っ青で、周辺はうすい青空。こんな澄んだ大空を見たことがない。

峠を下り東方の帯広に向かう。ちょうど夕日が沈むところで、直線道路にわたしの影が時間と共に二十、三十メートルと長くなる。最後は四十メートルにもなった。こんな長い影を見たのは初めてだ。夕暮れの七時過ぎまで歩く。「今夜はどこさ泊まるんかい」。けげんそうに老婦人が声をかけたので、「十勝川でキャンプだから。ご心配ありがとう」と答えた。

池田町

十勝橋で荒れた十勝川を渡り、直線道路を東へとる。周囲は広い畑のみ。自動販売機すらなく喉はからから。途中に芽室《めむろ》町の西士狩小学校跡があった。明治三十二年開校、昨年百周年目で廃校になった。複式学級のモデル校だったが、児童のいない学校ほど深閑として寂しいものはない。国道に出て、白樺並木を帯広市内に向かう。いきなり目の前にキツツキが現れた。ちょうど目の高さの幹に丸い穴があり、雛が数羽赤い口を開けていた。人通りの多い歩道の街路樹で子育てとは。北海道は鳥もおおらかだ。

帯広の市街地をぬけて池田町へ進む。十勝川の長い千代田大橋は工事中で片側通行。交通整理の婦人が危ないからと、端から端まで一緒に歩いて誘導してくれた。夕暮れに池田の市街地に着く。道も広く整備された近代的な街だ。

池田は「十勝ワイン」の町である。昭和三十年代、丸谷町長は山ぶどうからブドウ酒を造り、町おこしの目玉にしようと考えた。種類がアムール川流域のブドウに似ていることから、その原産地のカスピ海沿岸まで出かけて研究した。昭和三十九年、苦心の末に完成。今ではワイン城も建ち、全国的に知られるようになった。

今夜は風が強く寒い。池田大橋の下でテントにくるまった。寝ていても寒いので四時前に出発。夜間巡回中の警察官に呼びとめられた。山のない十勝平野でリュックを背負い、「早朝歩いているとは怪しい奴」。思うのは無理もない。事情を話すとすぐに納得、親切に道路の状況などを教えてくれた。

釧勝トンネル

ローカル線に沿って、本別町まで長い道のりを歩く。着いた時は午後になっていた。食堂の婦人に旅の話をしながら腹ごしらえ。阿寒町へ向けて出発するといきなり大夕立。止んだあとは一気に青空が広がり、地獄と天国の空模様。

車のほとんど通らぬ国道を進み、最奥の川上集落へ着く。江戸時代は開拓の最前線だった。道はしだいに山中へと入り、釧勝トンネルをめざす。かなり登ったのになかなかトンネルは現れない。道端の笹がガサガサ動いて、二匹のエゾシカが白い尻を向けながら藪の中に消えた。今夜は鹿と一緒に寝ることにして、笹藪の中にテントを張る。

寒い一夜は明けた。トンネルをぬけると覆道が連続していた。天井にはツバメの巣。もう子育ての準備に飛び回っている。しだいに谷幅が広くなり、二股の神社で休息。国道を下っていると、前方から数台のパトロールカーがきて止まる。「あやしげな車は通らなかったかい……」。国道でも一時間に十数台の車が通るだけなのだ。車で逃げている犯人を探しているという。こちらからも阿寒町への道の状況を聞くと、あいまいな返答。管轄が違うと分からないらしい。

国道と分かれて上庶路《かみしょろ》への峠越えに入る。十二キロもあり休まず歩いて三時間かかった。霧が雨に変わり、夕暮れがせまり心ぼそい。天の助けか、集落のはずれに宮崎神社があった。翌朝は霧雨の中を出発。庶路川を渡り阿寒町への林道に入る。新しい鹿の足跡が多い。道を横切るときに交通事故に遭うのだろう。道端には鹿の死体や骨が散乱していた。

霧街道

阿寒町からは鶴居村《つるい》をへて、弟子屈町《てしかが》に出る予定。ここで一旦寄り道をする。釧路から日本最東端の納沙布岬《のさっぷ》まで、百五十キロウォーキングである。「青春の旅」では岬までバスに乗ってしまったからだ。

釧路から根釧国道を行く。森林を切り開いた道で沿道にはフキが密生している。鹿がデザインされた「動物注意」や「熊出没注意」の標識が立つ。昆布森の分岐で昼食。本別からは牧場が多くなり畑や牧草が広がる。

門静駅には、子供たち手作りの現地案内が掲示されていた。「岬と花の霧街道」にふさわしく霧が濃い。望洋台からも見えるのは霧のみ。厚岸《あっけし》の街を過ぎて湿原地帯に入る。原野をゆったりと川が流れる。水鳥観測館で休息。浜中町へ入ると、ゆるく波打つ高原状の大地を単調な直線道路が伸びる。一帯は牧場に利用されていた。霧は雨になり、濡れずに張れるテント場がない。今夜の宿は密生したフキの中になった。大きな葉が重なり合い、多少の雨ならだいじょうぶだ。

周囲九十六キロの風蓮湖に着く。海水と淡水が混りあった汽水湖《きすいこ》。オオハクチョウの他、タンチョウ、オオワシ、カモ、シギなどが飛来する鳥たちの楽園だ。湖畔の道の駅で昼食。から揚げの大カジカは、グロテスクな姿とは逆においしく、骨まで全部食べてしまった。

根室半島

根室市に近づくと「返せ北方領土」の立看板が増す。アザラシ赤ちゃんが島名の書かれた、四つの風船を持っている図柄である。市の人口三万人余りの内、二千人は島からの移住者だ。市内へ入ると「花咲ガニ一四三百円」の看板。他では考えられない安さだ。

根室駅前から市街地をぬけ港へ向かう。途中に根室市民病院があった。初めて見るのに、遠い昔の淡い懐かしさが込み上げてきた。高校時代、市民病院の看護婦さんと文通していたからだ。根室については、手紙で教えてもらったいろいろな知識があった。鮭を送っていただいたお返しに、自家のサツマイモ一俵を届けたりした。四十五年前のことである。

北方領土の看板

対馬礼子さん

根室港にはたくさんの小形漁船と、数隻の大型船が停泊していた。根室湾岸沿いに岬へ向かう。道沿いには草花が咲きほこり、低い台地状の原野は牧場に使われている。浜辺に降りて、波が静かに打ち寄せる渚《なぎさ》で幕営。

早朝、近くの網を揚げにきた漁船のエンジン音で目が覚める。夏なのに吐く息は白く手がこごえる。二基の風力発電の風車が、霧の中でゆっくり回転。寝ぐらにしているのだろうか。刈り取られた牧草地に、無数のウミネコが羽を休めていた。牧場では百頭余りの牛が草をはむ。灌木帯からは二頭の鹿が出てきた。トーサムポロ沼を過ぎると根室半島が狭《せば》まる。

温根元《おんねもと》港から納沙布岬は近い。正面に白亜の平和の塔が霧に高く浮かぶ。岬は観光化が進み、荒涼とした三十四年前とすっかり変わっていた。「一億の切なる願い島帰れ、この間近なる岬に叫ぶ」の碑が立ち、広島に似た「祈りの火」や「希望の鐘」。北方館には各種の展示資料が並んでいた。「青春の旅」で、テントを張った場所を探してから先端の灯台まで行った。

弟子屈付近

阿寒町に戻り、鶴居《つるい》村を目ざして歩き始める。高原をつらぬく快適な舗装路。ごみ一つなく、道端にも空き缶類が落ちていない。中幌呂《なかほろろ》に着いた時は午後五時近かった。予定の鶴居村の市街地へはまだ九キロ余りある。ピッチをあげると一時間半で着いた。村は名前の通り、鶴の舞い飛ぶ釧路湿原の北端にあたる。村のあちこちには鶴に関する施設や標識が多い。

丹頂橋を渡り、スポーツ広場を散策してから弟子屈《てしかが》に向かう。中久著呂《なかくっちょろ》の郵便局で封書を出したら、丁寧な礼を言われてティッシュまで貰う。一日の利用者は何人もいないらしい。しばらく丘陵性の原野が続き、緑の牧草が目立つ。馬の牧場もあるが多くは牛が放牧されている。

上オソツベツで雷鳴に遭《あ》う。広い牧場の高原では逃げ込む場所がない。下校中の中学生も必死に自転車をこいで家路を急ぐ。ポツポツきたかと思う間もなく、ドドッと大つぶが落ちてきた。近くの廃家《はいおく》へかけこむ。一時間ほど避難していたが止む気配はない。まだ五時前だったが今日の行程を終りにした。さっそく寝ぐらをさがす。廃家は半分倒壊、やっと一畳ほどの場所を見つけた。

ラジオ深夜便から『牧場の朝』の歌が聞こえてきた。四時に出発。まだ一面の霧だが、予報では天気は回復の見込み。すでに牧場では二百頭余りの牛が群がって草をはんでいた。弟子屈町か

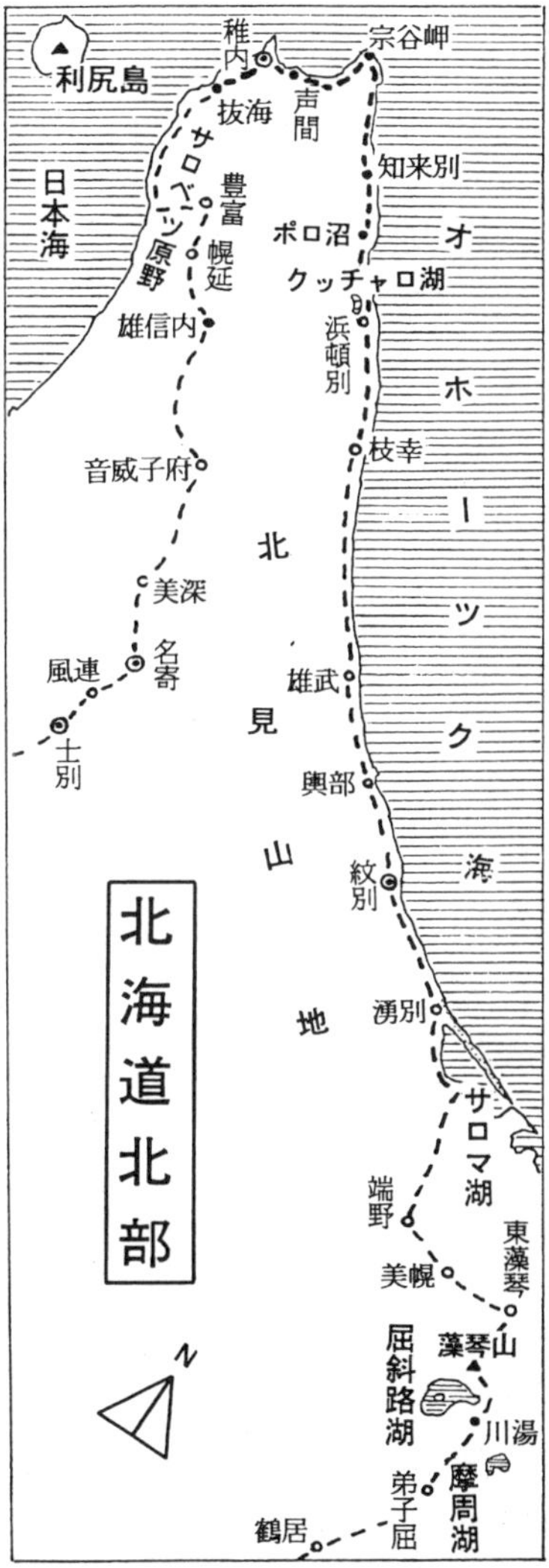

ら川湯まで、真っ直ぐな緑の森林の中を行く。左手間近に硫黄山の赤茶けた溶岩の塊《かたまり》が現れた。最近登山中の二人の中年女性が、落ちてきた溶岩に当り死んだという。川湯は元横綱大鵬の出身地でその記念館がある。本名納谷の三段目時代に全勝優勝をしたとき、ファンレターを送ったことを思い出した。

藻琴山

国道から分かれ小清水峠《こしみず》への道に入る。正面になだらかな山容の藻琴《もこと》山が見えてきた。「青春の旅」で登った山の一つ。ひさしぶりの再会である。左手には屈斜路湖《くっしゃろこ》がわずかに見える。後方は摩周湖の外輪山。雄大な大自然の中にいることを知る。道路脇の笹藪にテントを張ったら蚊の巣窟《そうくつ》だった。

高度を増すにつれ、スズタケとダケカンバの疎林《そりん》帯になり展望が開ける。屈斜路湖の霧もあがり始めてきた。小清水峠から東藻琴村へ下る予定だったが、藻琴山に登りたくなった。峠に荷を置き、八合目の展望台までは車道を行く。登山道になるとハイ松帯のゆるい登りが続く。もう下ってくる夫婦がいた。宮崎からキャンピングカー旅行をしており、昨夜は八合目の駐車場に泊ったそうだ。

山頂部の尾根に達する。屏風岩のハクサンイチゲは、かれんな白い花を満開に咲かせていた。九百九十九メートル、藻琴山からの展望は良好。眼下には、周囲五十キロの屈斜路湖が中島を浮かべている。南遠方に端整な雄阿寒岳《おあかん》、近くには硫黄山、その左奥に摩周岳、東方には雄大な斜里岳《しゃり》。海別岳《うなべつ》や羅臼岳《らうす》など知床の山も見える。北に目を転ずると、なだらかな大地がオホーツク海まで広がっていた。

下山はセミの声を聞きつつ、三十四年前の登山を思い出しながら下る。セミは地下に七年という。多分、当時聞いたセミの五、六代目であろうか。先に下山したもう一組の夫婦がまた登ってきた。山頂で写真を撮っている時、車の鍵を落とし探しに戻るのだという。笹の中らしいので見つかると良いが……。ハクサンイチゲを写しにきた地元の写真家に、満開だったと告げたら喜んで登って行った。

サロマ湖

東藻琴から、北国にふさわしい瀟洒《しょうしゃ》な美幌《びほろ》駅前に着く。『君の名は』の映画ロケ地で有名になった駅である。その記念碑が建てられていた。端野《たんの》町へは国道をさけて農道をとることにした。これが大間違い。建設中の農道に入り込み道は行き止まり。周囲は広大な農地で人影すらない。ようやく農作業の人を見つけ端野への道を聞く。「ここからでは難しいことだ」と言う。案の定、広い農地の真ん中に出てしまい途方にくれた。今年一番の暑さの中、畑の中を突っ切り農家にたどり着く。端野への道がわかりほっとする。常呂《ところ》川を渡り端野市街地へ入る。小学校では、露店商も出ている盛大な運動会。家族ぐるみで重箱につめたお弁当を広げていた。日本にもこんな情景が残っていたことに安堵する。当地は屯田兵《とんでんへい》の根拠地で、射撃訓練場の跡がある。屯田の森公園で休み端野峠に向かった。峠を下り、今は使われぬ朽ちかけた木橋の上に幕営した。

サロマトンネルは千六百メートルもの長さ。照明が暗くて怖い。ぬけると眼下に牧歌的な大地が広がっていた。サロマ湖へ向かう途中から小雨になり、湖畔へ着いた時は本降りだった。周囲九十二キロ、日本第三位の湖は二十五キロの砂州「竜宮街道」で海と区切られている。サロマ湖展望台の東屋で雨宿り。そのまま夜を迎えた。

森林公園の中を通り国道にでる。目の前をキタキツネが横断、一度鋭い目で振り向き草やぶに消えた。沿道には、サロマホタテの殻山が目につく。湖畔を離れ、中湧別《なかゆうべつ》までは十五キロの直線道路。いくら歩いても進まぬ感じ。湧別大橋を渡り紋別方面へ向かう途中、ログハウスのラーメン屋へ寄る。主人は二十四年前に池袋から移ってきた。ライダーハウスも経営している。話を聞きながら昼食。

「道内にはハウスが五十軒ほどあるんだが、年々ライダーのマナーは悪くなって……。老人たちが管理してる、無料の宿は減りはじめているんですよ。うちも雑誌社などが掲載を勧めるんだが断ってるんだ。紹介されると、マナーの悪いライダーもくるからねぇ。それでも夏のシーズンには、四百名ほど泊まるんで困りません」。

紋別は「流氷の町」として知られ、見学の施設も整っている。長い市街地をぬけ渚滑川《しょこつがわ》に出て、サケの疏上《そじょう》する川で体を洗った。広い河原は、色とりどりの草花が咲き乱れる。今夜は花の草枕だ。

オホーツク海岸

早朝の原生花園の海岸では、すでに釣人が糸を垂れていた。オホーツク海は朝凪《あさなぎ》。日の出の陽光が、うす暗い海を赤く照らして幻想的。砂浜へ静かに打ち寄せる波を見つつ、沙留《さるる》の漁港へ着く。小さな漁港にしては漁船の数が多い。桟橋から小魚やクラゲを見て再び国道に出る。

振り向くと、リュックを背負った初老の男性がいた。三日前に北見の自宅から歩いて出発し、稚内《わっかない》へ向かう大矢吉敏さんだった。前方に同じ旅姿を見て追いついてきたのだ。徒歩旅行は昨年の秋ごろに計画したのだという。話しぶりから誠実な人柄がすぐにわかった。同じ方向なので同行することにしたが、その後三日間一緒に歩くことになった。

大矢吉敏さん

長年、土木関係の仕事に従事。退職後会社を起こした今は、人を雇って事業をしているとのこと。仕事も軌道にのり、「私があまり会社へ出ない方がよさそうなので……」と言いながらも、携帯電話で会社や自宅と連絡をとりながら旅を続けている。運転免許証を見せていただくと、車なら何でも運転できる全ての免許を持っていた。世間話や旅の話などしながら歩く。七十歳にしては健脚で元気。それもそのはず、昨年は道内の山に二十山も登ったそうだ。

興部《おこっぺ》で食料を買い途中で一緒に昼食。午後四時半、雄武《おうむ》の街に着く。道の駅で休んでから大矢さんは民宿へ、わたしは二キロ先の稲府港に向かった。今夜は待望のオホーツク海の波打ち際で幕営だ。大矢さんがくれたリンゴを食べつつ、暮れゆく静かな大海原《おおうなばら》をあかずながめた。

港の朝は早い。三時には漁船が出港した。濃霧に包まれた稲府港をあとに国道に出て北をめざす。海岸沿いの牧場に野ウサギが跳ねる。キツネの増加で、野ウサギを見るのは珍しいことのようだ。

道路脇で休んでいると大矢さんがきた。昼食はオホーツク海の見える草原。天気も上々、一緒に食べる食事はおいしい。午後も並んで歩き、大矢さんは十五時のバスで民宿のある枝幸《えさし》へ。さらに十二キロほど歩いて、岡島港近くの道路脇にテントを張った。

今日は一人で歩く。枝幸は「カニの町」として知られている。市街地で食料を調達して国道へ戻る。すぐに名勝千畳岩の看板、国道から五百メートル海岸へ進む。岩畳のような、黒々とした岩礁が岬を取り囲んでいた。

いくつかの小漁港を過ぎ、岩山が海へ落ち込んだ神威《かむい》岬へ着く。トンネルで岬の北側へ出る。浜頓別《はまとんべつ》までは、オホーツク海の荒涼とした海岸線を行く。霧が発生し海からは強い寒風。最果ての自然の厳しさを体感する。かつては砂金採掘の町として栄えた浜頓別に近づくと、湿地帯が広がり雄大な景観。食堂でひさしぶりの食事後、幕営地をさがす。風が強く適所がない。ようやく神社前に風のこない窪地を見つけた。

宗谷岬到達

朝霧で前方がよく見えず、荒涼とした原野の道で心細い。よほど頼りなく歩いていたのだろう。ブルドーザーを積んだ大型車が止まった。「乗って行かないかい」。トラックが声をかけてくるのは珍しい。今度は乗用車が止まった。また、乗らないかという誘いと思ったら、「予定通り民宿を出発したから」という、大矢さんからの伝言であった。休みを多くして速度をゆるめ、大矢さんが追いつくのを待つ。

富士見橋を渡りポロ沼畔で昼食。昼寝をかねながら一時間ほど過ごすと、大矢さんが橋を渡ってくるのが見えた。再会を喜び猿骨《さるこつ》まで一緒に歩く。ライダーハウスで食事のあと、「途中でまた会えるといいねぇ」。ここで投宿する大矢さんの声を背に先へ進んだ。浜鬼志別《はまおにしべつ》のホタテ加工場には、巨大な貝殻の山がいくつもあった。知来別《ちらいべつ》の海岸で幕営。宗谷岬まで二十キロ余りに近づいた。

今日は家を出てから四十七日目、最北端の宗谷岬へ到達の日である。東浦から丘陵性の森林の中をゆく。久しぶり緑の風を受けて気持ちが良い。森が切れると広大な草原の丘陵。大型タンクローリーが転落する映画『激突』に出てくるような景観だ。再びオホーツク海が現れ、砂浜の海岸線を見つつ歩く。続く岩礁沿いの海岸には最北の縄文遺跡地があった。

大岬集落はお祭りだった。港の漁船には、派手な色とりどりの大漁旗がはためいていた。会館では子供相撲大会が始まっている。宗谷岬はすぐ先だった。観光バスや乗用車などの観光客で賑わっていた。以前は「日本最北端の地」と刻まれた、そまつな碑がポツンとあるだけだった。今は立派な碑や間宮林蔵の像まで建ち、土産店、食堂、民宿などが軒を連ねる。

ホタテラーメンを食べながら休み、宗谷湾沿いを西に向かう。雲一つない快晴で湾はさざ波すら立たない。声問《こえとい》海岸の長大な砂浜に出る。盛夏には海水浴客で賑わうであろう。今は人影すらなく、一人占めした浜に幕営。最北の夜を迎えた。

四　北海道縦断

サロベツ原野（原生花園）

サロベツ原野

早朝、声問海岸の砂浜を歩いてから、国道を南稚内に向かう。小さな峠を越えると利尻山が海に浮かんでいた。遠く礼文島も見える。これより日本海岸沿いに南下し、函館までの北海道縦断に移る。抜海《ばっかい》からは、南北二十七キロに及ぶサロベツ原野が延々と続く。戦後、樺太からの引き揚げ者たちが原野の開拓を進めた。

砂丘地帯に広がる原生花園の中を歩く。途中に展望台を兼ねた休息所もあるが、行けども行けども自然のみの景観が続く。夕刻まで草花をながめつつ進み、海岸の砂浜に出てテントを張る。沖の海上間近には、残雪の荒々しい利尻山が浮かぶ。「青春の旅」では山頂付近の雪渓で滑落した。途中の灌木にすがって助かったが、あの時に遭難していたら……。「老春の旅」はなかった。再び対面できたことが何より嬉しい。

今日も湿地帯の原野が続く。エゾカンゾウ、エゾスカシユリ、ハマナスなどの花が目を楽しませる。ほどなく稚咲内《わっかさかない》の漁港に着く。稚内と天塩の中間で、江戸時代には継立所があった。ワッカサカナイとは「飲み水のない川」の意味。付近の川は泥炭層から流れ出るため強い酸性、そのため鉄分が酸化し赤く濁っている。

天塩平野の中心に広がるサロベツ原生花園に向かう。五キロほど歩くと、休息所と展望台のある原生花園の中心に着く。周辺一帯は咲き乱れる草花で覆われている。とくにエゾカンゾウが、橙《とう》色の巨大なジュータンを敷きつめていた。今が最高の見ごろ、観光客と一緒に観賞したあと豊富《ほろのべ》町へ向かった。幌延から士別までは大河の天塩《てしお》川に沿って行く。

天塩川

予報通り朝から雨。午前中は車のシャワーをあびながら歩く。しだいに雨足は強まり、廃校の小学校の玄関で雨宿りして様子を見た。午後三時ごろ、霧雨に変わり出発する。一時間ほど歩くと雄信内《おのっぷない》川にかかる栄橋、橋の下にテント場を見つけた嬉しさ。一日中雨できつい日だったが、夜は濡れずに安眠できそうだ。

雄信内トンネルをぬけ、ゆったり流れる天塩川沿いの国道を行く。中川町の市街地は、さみしい町並みですぐに通りぬけた。国道から離れ宗谷本線沿いの道に入る。道の両側は色とりどりの草花、車が少なくのんびり観賞しながら歩ける。佐久駅は民俗の展示場になっていた。見学後、電車を待つ地元の人と談笑しながら休む。

天塩川に沿って、再び国道を音威子府《おといねっぷ》に向かう。谷幅は狭くなり山間へと入る。前方は深い霧に包まれて心細い。しばらく進んでから天塩川沿いで幕営。夜半の雨でテントの中までぐっしょり。音威子府の駅前駐車場でテント、シュラフ、下着類など全てを並べて干す。「フリーマーケットが始まったのかな……」。けげんな顔で人は見て通る。

今夜は美深《びふか》公園のキャンプ場にした。天塩川の中の島にあり車できた家族などが多い。子供の甲高い声が遅くまで聞こえ、気になって寝られない。やはり幕営は一人にかぎる。美深町の商店のシャッターには、町の景勝地や関連のある絵が描かれていた。早朝のカラフルな街路を通り、天塩川の恵深橋で雄大な流れを見ながら朝食。名寄《なよろ》市郊外になると、今まで目にしなかったトウモロコシ、ジャガイモ畑が多くなってきた。

国道をさけ、山間の道をとって名寄市をめざす。森林の峠道をのぼり切ると前方に市街地が見えた。峠を下った衛生センターの庭園で休む。近くには一面の花畑がある。名寄の市街地は広く駅も立派だ。相撲好きなので、当地出身の「名寄岩」という力士を思い出していた。数々の病気をかかえ、病院から場所入りして健闘し、『涙の敢闘賞』という映画にもなった。

水口家訪問

風蓮の市街地をぬけ、直線道路を士別に向かう。周辺は水田、畑、牧場と変化に富んでいる。畑には麦が多い。天塩川を渡ると士別の市街地、羊のマークが目立つ。元は志別と表記していたが、明治三十二年の屯田兵の入植にちなみ志を士に改めた。士別駅に寄ってから、連絡しておいた中士別の水口家に向かった。

木陰で休んでいると一台の車が止まった。何と水口さんの奥さんが笑顔で降りてきた。三十六年前、中学時代の教え子だ。歩いているのを車から見た主人が、「もしかして先生ではないか」。電話で知らせが入ったので迎えにきたのだという。「車に乗らない旅の途中だから」。一度は断わったが訪問後、この場所まで送ってもらうことで車に乗り込む。

水口牧場の吉子さん

名前の通り水口家は、山際に一番近い水の口にあり、山林と広大な土地を所有。牧場、水田、畑など多角的に経営している。競争馬用の馬は、帯広で市場にかけるが規定タイムに達しないと、肉用として安く買い取られてしまうそうだ。畑ではビート、大豆、小豆などが何町歩も植えられていた。小屋には今年刈り取られた大きな牧草の束が、百個ほど積み上げられていた。

庭で主人の弘之さん、奥さんの吉子さん、二十一歳の息子さん達とジンギスカン。大きなホタテや分厚いイカもまじり、当家でとれたご飯と一緒にいただく。ちょうど旭川から所用できた馬仲間の人も加わり賑やか。

「今夜はうちで休まれたら」。主人から勧められたが、「宿泊はテントに決めているので……」と辞退した。

三時間ほど過ごしたあと、車に乗せてもらった所から歩き出す。上士別から右へ折れて流れの小さくなった天塩川を渡る。小さな峠を越えて桜岡貯水池に着く。池畔は公園として整備され、大きな温泉旅館があった。池畔にテントを張ってから旅で初めて温泉に入る。四百二十円と安い。地元の人も気軽にきて浴場は混雑していた。

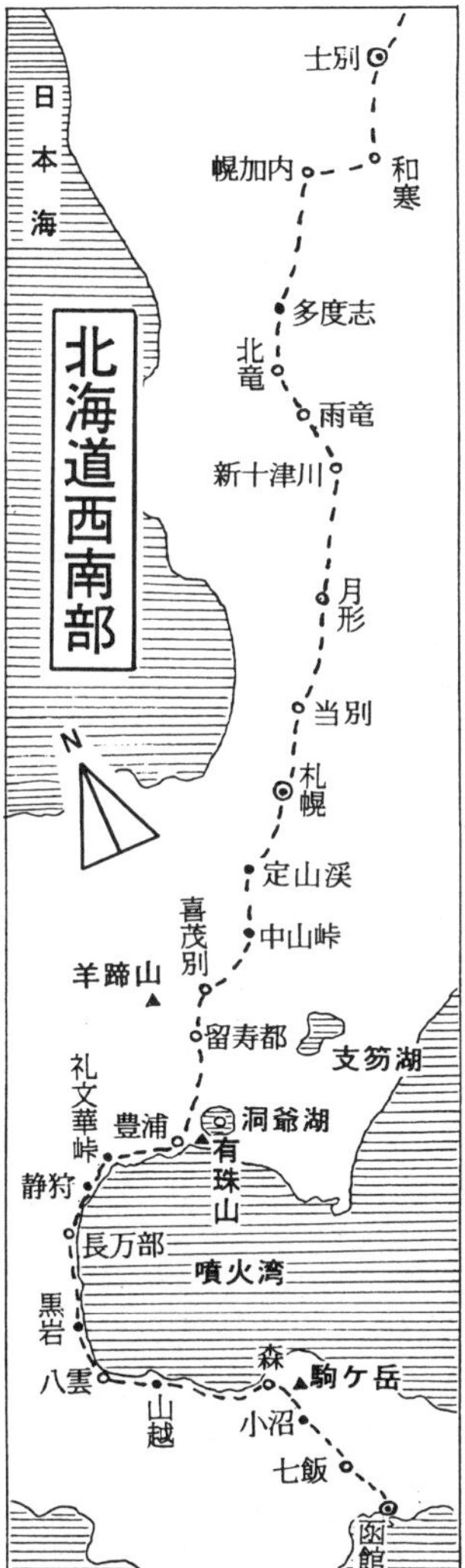

明け方に雷雨。六時まで待ったが止まず、やむなく雨の中を出発する。国道に出るとようやく降り止んだ。和寒《わっさむ》で食料を買い、重くなった荷を背負い三十キロ先の幌加内《ほろかない》をめざす。和寒峠越えの道は、明治末から大正にかけて物資や人の往来が多かった。かつて途中の西和には、数頭の馬を配備した継立所が設けられていた。

道端の草花に目をやりながら、新緑の森林帯をゆるく登って和寒峠のトンネルに着く。時間が止まったような静かな峠越えを終え、「空知《そらち》街道」の国道に出て南下。幌加内《ほろかない》峠下の道脇に幕営した。早朝峠を越える。札幌へ通じる国道なのに、交通量が少なく歩くに最適の道。鷹泊《たかどまり》で雨竜川に出合い、汚れたテントを洗って干す。乾くまで流れを見ながら『日本童謡集』を唄う。聞いているのは魚ぐらい、へたでも気が楽だ。

水田地帯を通り多度志へ。小学校はモダンな校舎だが、バスの停留所にはもっと驚いた。男女別々のトイレの他、車椅子用まである。清潔でごみ一つ落ちていない。ごみを入れようとしたら、ごみ箱の中は空っぽ。地元のある婦人が毎日掃除をしているらしい。

沼田町へ向かう途中、犬の飼育所前にさしかかると一斉に吠え出した犬の大合唱。北竜町の碧水《へきすい》は、主要道が交差している交通の要地、とたんに車が多くなった。交差点近くの公園隅で宿泊の準備をしていると、珍しげに土地の若者が見にきた。テント設営の実演を見せる。わずか一分足らずで張り終えるや目を丸くした。

北竜町には、道の駅を兼ねたレジャーランド風の温泉施設がある。「ヒマワリの町」でも売り出している。次の雨竜町は、ミズバショウを町のシンボルにしている。北海道の尾瀬と言われる「雨竜沼湿原」を観光目玉にしているからだ。暑寒別岳《しょかんべつだけ》登山の際、霧の湿原で迷ったことが思い出される。真っ直ぐ歩いたつもりが、元へ戻ってしまったのだった。

雨竜市街地を過ぎると、石狩川の大河が接近する。「いしかり川河口から100キロ」の花文字が陽光をあびていた。最近の道内の天候は一定している。日中は午後から晴れて暑く、夜半から入道雲が広がり夜は雲が低くたちこめる。この雲が午前中をかけてだんだん薄くなり、正午ころから薄日が差すようになる。

中山峠

今朝も雲がたれこめているが、天気はしだいに回復するだろう。空知街道をひたすら歩き、月形町から当別町へ向かう。近くの医療大生が暑い中をランニング練習、途中には羊の牧場があった。

長い石狩大橋を渡る。道内一の大河だけに川幅広く水量も多い。豊平川を渡り札幌市街地へと入る。サッポロビール会社や旧北海道庁など、古い赤レンガの建物を見る。中島公園で休息後、豊平川沿いを定山渓《じょうざんけい》に向かった。途中、藤野の公園隅で幕営。台風三号が関東に上陸、北海道方面へ進む予報が出る。

今夜半から、北海道南部も台風の影響を受けそうだ。今日は中山峠越えで逃げ場のないコース。風雨覚悟で出発する。八剣山の岩山を右手に見つつ定山渓に着く。温泉場にはホテルが立ち並び活気がある。中山峠へはまだ二十キロあり、定山渓トンネルをぬけた所で休む。腰を下ろしたすぐ側《そば》に大きな蛇がとぐろを巻いていた。もう少しで蛇を座布団にするところだった。

中山峠に着くとポツポツ雨が降り出した。峠には道の駅やコンビニまである。レストランで遅い昼食をとってから、一時間ほど歩き望羊橋の下で嵐に備えた。夕刻から風が強まったが、雨はほとんど降らなかった。

台風は去り、だんだん陽がさしてきた。正午には青空になったが吹き返しで風が強い。喜茂別《きもべつ》町へ下ると羊蹄山《ようてい》が真近に望まれた。尻別岳のすそを通り、小公園の浪越徳治郎の胸像前で小休息。傍のボタンを押すといきなり「指圧の心は母心……ウワッハッハ」豪快な笑い声が響いてきた。暖かい香川県から寒い北海道に渡ったため、母はリウマチで苦しんだ。幼い徳治郎がさすってあげると、「お前の指圧が一番」。母の言葉に指圧の道を志した。留寿都《るすつ》村から高原状の畑道に入ると、展望がすこぶる良くなった。右手に尻別岳や羊蹄山、ニセコの山々も望まれる。左手には森林に覆われた洞爺湖の中島、岩の露出した有珠山、小さな昭和新山まで見える。今夜のキャンプ地は、貫気別《ぬっきべつ》川のほとりで快適だった。

噴火湾岸

豊浦町に入ると久しぶりの海が見えた。サロベツ原野の稚咲内《わっかさかない》で海と別れて以来だ。眼下に豊浦港、噴火（内浦）湾のかなたには駒ヶ岳が海上に浮かんでいた。豊浦の市街地を通り再び国道を行く。海岸まで山が迫っているので起伏に富んだ道。大岸、礼文華《れぶんげ》、静狩のトンネルが連続する。国道から離れて祭り準備の静狩市街地へ下った。

長万部《おしゃまんべ》までは噴火湾沿いの海岸道路を進んだ。歩道がついているので、沿道の草花を見ながら安心して歩ける。長万部に入るとカニの看板を掲げた商店が続く。その一軒をのぞく。大きな毛ガニが積まれ観光客が海産物をあさっていた。

前方から、初老の男性が手押し車に荷を積んで歩いてきた。三日前に函館を発ち、キャンプをしながら道内一周をするのだという。同じような人がいるものだ。荷は三十キロ以上ありそう、これでは背負って長くは歩けない。こちらは重いときでも六、七キロだ。「こんな軽い荷物だけでキャンプ旅行ができるの。ぼくも工夫して減らさなきゃぁ」。わたしのリュックを持ち上げながら、驚くやらしきりに感心していた。

幕営のため黒岩付近の砂浜に出る。噴火湾を前にして北に羊蹄山、南に駒ヶ岳を見ながら夕暮れを待つ。明け方に雷雨が襲い、広い浜では逃げ場がない。テントの中に水が侵入してきた。天塩川での幕営以来テントの中まで濡らしたのは二度目である。

八雲の長い市街地をぬけ、山越の小漁港でテントを干す。山越は蝦夷《えぞ》と和人の境界だったところ、江戸末期には函館にあった関所もここに移されていた。今夜の宿は濁川の河原。上流に温泉場があり川は名前の通り濁っていた。テントを張っていると毛並みの良い上品な猫が三匹、前足をそろえた狛犬スタイルで珍しそうにじっと見ていた。

赤松街道

予報通り低気圧の通過で朝から雨。森の市街地に入り駅で雨宿りを兼ねて休息後、国道に戻りゆるやかな長い坂をのぼる。小沼の湖畔を過ぎ、トンネルをぬけると峠下の集落に着いた。ここから七飯《ななえ》町の「赤松街道」になる。

松並木は北海道開発当初に植えられた。百二十年を経た貫禄十分の松ばかりだ。函館の桔梗町まで十七キロにも及び、日本の道百選になっている。

街道に入ると左に地蔵堂がある。ここの馬頭尊は、江戸時代に入植した八王子千人同心が建てたもの。千人同心は日光東照宮の火の番役として活躍したが、北海道の開拓にも一役買っていたのである。街道筋には人目につかぬ幕営地がなく、藤代の神社裏が北海道最後の夜になった。

今日も赤松街道が続く。沿道には最初に畜産を開始した場所、男爵イモの発祥地、官舎本拠地などの施設跡や史跡が多い。函館市街地へ入ると正面に函館山が見えてきた。ようやく今回の旅が終りに近づき、フェリー乗り場へ最後の歩を運んだ。十二時発の青森行に乗船。遠のく函館山をデッキからながめつつ、六十六日間の旅を回想しはじめていた。

五　本州縦断

津軽平野

平成十三年五月十一日、夜行バスは早朝の青森駅前に着く。外は曇り空で肌寒い。国道を弘前方面に向かい、出羽国（秋田・山形）を縦貫していた「羽州《うしゅう》街道」の旧道へ入る。降り出した雨は本降りになった。再び国道に出て浪岡町方面へ行く。

「この道、弘前まで続いてますか」。突然うしろから中年男性が声をかけてきた。茨城から青森へ職探しに来たが見つからず、弘前へ探しに行くのだという。無一文で三日も食べられず、「百五十円あればカップラーメン買えるんだけどなぁ……」。つぶやきながら離れようとしない。物騒な世の中、これでは落ち着いて歩けない。五百円玉を渡すとぺこりと頭を下げ、お礼を言って立

リンゴ畑と岩木山

ち去った。一日二千円の予算内ではきつかったが「情けは人のためならず」。そのうち良いこともあるだろう。間もなく三百円拾うことになる。

雨まじりの風は冷たく気温は七度で手がこごえる。菜の花は真っ盛り、桜もまだ花をつけていた。鼻水を垂らしながら国道と分かれて板柳町へ入る。雨上がりのリンゴ畑の奥に、山頂に残雪をのせた岩木山が見えてきた。板柳中学の校門には「追風海《はやてうみ》関後援会」の大きな幟《のぼり》が立っていた。追風海は当校から埼玉栄高校へ相撲留学し、日大では学生横綱になり角界へ入った有望力士。後を追う高見盛も同中学校の出身だ。大相撲夏場所は明後日から。町中で両力士を支援している。

岩木川のほとりの小公園に着く。休んでいると散歩の老人が話しかけてきた。相撲好きで、お互いに話が弾む。近くからは貴ノ浪、若の里、舞の海なども出ている。相撲談義をしているうち気がついたら夕方になっていた。最初の一夜は、危険な公園の隅にテントを張るはめになった。

眠りについたが夜半、人の近づく気配にドキドキ。いきなりテントがライトで明るく照らされた。「ちょっとすまんが、起きて顔を見せてくれんか」。パトロール中の警察官だった。三日前に弘前の金融会社で五人死亡の凶悪な放火殺人があり、まだ警戒体制がとられていたのだ。電話番号まで聞かれてしまう。月夜の星空で冷え込み、一度起こされたら足がさむく寝付かれない。

白い花をつけ始めた、津軽のリンゴ畑と水田地帯を進む。農夫は田植えの準備で早朝から苗代かき。朝日で残雪に輝く岩木山の全貌が現れてきた。別称「津軽富士」の秀麗な姿を見ながら津軽平野の南部を横断する。

青森県は耕地面積の十五パーセントがリンゴ園。農家数は三十五パーセントに達する。明治八年、アメリカ教師がルイジアナ州の苗木十数本を、弘前に植えたのに始まる。それほど古い歴史ではない。うまいリンゴは小鳥がつつき、売れぬ傷ものにするので生産者が食べてしまう。消費者は見かけの良い味は二番目のリンゴを食べていることになる。

白神山地

岩木山がだんだん間近にせまり、整備された松の並木路が現れた。このまま進めば岩木山神社をへて山頂へと続く。百沢温泉の手前で左折し、今度は岩木山を背にしてブナ林で名高い白神山地に向かう。西目屋《にしめや》村の白神山地ビジターセンターで休息後、途中の岩谷観音付近の迫力ある渓谷をのぞく。引き続き岩木川に沿って進み、目屋ダムの湖畔で幕営した。

岩木川と別れて湯ノ沢川沿いに、白神山地東部の釣瓶落峠《つるべおとし》への車道に入る。残雪のため峠付近は交通止になっていた。不安はつのるが、数台の車が奥へと行くので少しは安心する。ところが山菜とりの住民たちだった。道路は峠六キロ手前で封鎖されていた。ここから先、車は入れず一人じめの道になった。だんだん道の中央にも残雪が押し出してきた。峠はトンネルなので塞がっている可能性がある。その時は「釣瓶落とし」の名のように、急峻な尾根を越える覚悟だ。ようやく峠に着くと幸いトンネルは口を開けていた。雪渓から流れ出た冷たい清流で体を洗い、トンネル内に入る。出口の秋田県側も道には残雪が押し出していた。

途中「太良峡《だいらきょう》」におりて、大きな凹穴《おうけつ》のある豪快な峡谷を観賞した。車道の山際には雪解け水がたまり、ヒキガエルが産卵の真っ最中。雄に比べ雌が極端に少ないので雌の奪いあいが激しい。一匹の雌に雄が五匹以上もしがみつき、雌は目を白黒させてもがき苦しむ。もてすぎも困るが、ブスかフェロモン不足なのか雄が寄りつかない雌もいる。

太良鉱山跡地に着く。鎌倉時代に採掘が始まり、江戸時代は銀や鉛鉱山として発展。明治に民間へ払い下げられ、昭和三十三年の閉山まで採掘していた。江戸の旅行家菅江真澄は鉱山に二ケ月とどまり、付近を調査し釣瓶落峠を越えて行ったらしい。当時の真澄は、秋田藩に仕えて領内の巡村調査をしていた。

山菜の入った大籠を背負った地元民が山から降りてきた。「山菜とりの住民は入るが旅行者には出会ったことがないねぇ」。珍しがられた。白神山地の南麓は手つかずの自然がいっぱい。

藤琴川近く、砦のような小台地にテントを張った。

秋田の山村（馬場目）

秋田の山村

峨瓏《がろう》の滝を見学後、権現堂の大イチョウを見る。八・五メートルの太い幹は二本に分かれ、大きな乳房が垂れていた。数年前の台風で高い部分の幹が折れ、残骸の一部は境内にある。折れた幹でもそうとう太い。藤里町の市街地へ着いたが、商店は少なく食料が手に入らない。次の二ツ井町で腹を満たした。

十和田湖の主だった八郎太郎の伝説がある、七座神社に寄ってから合川町へ向かう。正面にはまだ残雪の消えない、端整な姿の森吉山が見えていた。夕方に合川町の食堂へ入ると、仕事を終えた数名の屋根屋さんが盛り上がっているところだった。ビールをいただき仲間に入る。今日は二十五度以上の真夏日、さぞ屋根の上は暑かったことだろう。「明日まで天気はもつが、その後は崩れそうだよ」。さすがに屋根屋さんは天気に詳しい。

今日も暑くなりそうだ。上小阿仁《かみこあに》村の道の駅で休息後、国道の「五城目街道」を行く。途中の食堂でうどんを食べながら、明るい笑顔の奥さんと会話。秋田弁はわかりにくい。落合で国道と分かれ、峠を一つ越えて馬場目に下り杉林の中で幕営。

屋根屋さんの予報通り朝から雨、馬場目川沿いに奥へと進む。今日は距離のある峠を越えねばならない。途中には商店のありそうな集落もなく、雨とあわせ厳しい一日になりそうだ。ようやく切り通しの峠に着き旭川ダムへと下った。ここは「酒は天下の太平山」で知られる太平山の西麓、スキー場がある広々とした高原だ。低い峠を越えると幸いにも食堂があった。客は農家の人たちばかり。秋田弁の話がはずむが内容はかいもくわからない。若い美人の奥さんに、野菜たっぷりの定食を作ってもらう。「こんな山深い里に、顔立の良い都会的センスの人がいるとは……」

食堂を出ると雨はあがり腹も大満足。食堂で教えてもらった山の道を一人で独占し、河辺町の三内《さんない》へ向かった。三内からは一山越えて協和町に出る予定で歩き出す。ところが山間へ入る所で道路地図に記された県道がない。おどろいて近くの家を訪ねた。「道を作る計画だったんだが取り止めになってねぇ。地図には道が載ってるんですかぁー」。

今はあまり人の通らぬ山道を教えてもらい、通過できるか不安のまま山へと入った。道はだんだん藪になりついに消滅。しかたがなく、谷へ向かって急斜面をすべり降りた。藪をかき分けつつ小流に沿って下ると、ようやく踏み跡道が現れた。山間の小さな田へ出ると幸い農夫が畔で休んでいた。場所を聞くと神内川最奥の福田という所だった。予定していた反対側へ降りていたのだ。一時間余りロスのあと、協和町の市街地に入る。ごみ一つなく人も車も見かけない。ゴーストタウンに来たようだった。

羽州街道

一週間の疲れか、少し体はだるいが足は健在。神岡町には「新奥の細道」と表示された静かな旧道があった。菅江真澄も通った「羽州街道」だった。胸高周囲十メートル、樹高三十五メートル、大ケヤキのある宝蔵寺で休息。一向一揆に敗れた加賀の守護、富樫氏が逃れ住んだ由緒ある寺である。

若い住職さんは子供の子守り、秋田美人の奥さんは参道の清掃をしていた。秋田は美人が多いと言われるが、本当のように思える。古くは小野小町だが、大鵬も秋田の女性を見初めて結婚した。

大曲《おおまがり》駅は立派な近代的建物で広い空間がとってある。駅前から二キロも真っ直ぐな市街地が雄《お》物《もの》川に向かって伸びていた。雄物川の土手を横手川の合流点まで歩き、大雄《たいゆう》村へ入る。ここは横手盆地の水田地帯で、テントを張る場所がなく、道端の記念碑の脇に求めた。下校の中学生が横目で見ながら通り過ぎる。

今は田植えのシーズン。農家の人は早起きなので驚かせては申しわけない。まだ薄暗いがテントをたたむ。農夫はほうかむり、農婦は布で顔を隠している人が多い。広い横手盆地南端の湯沢市は「両関」で名高い酒の街でもある。

駅前で腹ごしらえをして出発。予報通り低気圧の通過で天気は一気に風と雨。距離のある県境の雄勝峠《おかち》越えはつらい。残雪に驚きながら羽州街道の峠を下ると、『真室《まむろ》川音頭』で知られる山形県の真室川町。梅は散ったが八重桜は咲いていた。このあと事故が起こった。杉林で用足中、人が来たのであわてて道へ戻るとき、つるに足をとられ転倒して顔から地面に激突。前歯を一本折り、唇をはらし、手のひらに血豆、膝には青あざ。大ダメージを受けたが足は大丈夫だったのでほっとした。旅が続けられるだけでも幸いと思わなければ……。これを教訓に「ゆっくり、慎重に」を心掛けよう。

真室川の市街地まで傘をさしながら、車の少ない県道をのんびりと歩く。駅前で食事後、真室川の岸辺近くの草地でキャンプ。川面には雨あがりの蒸気が立ちのぼる。

最上川

本合海《もとあいかい》で最上川の大河に出会う。「五月雨《さみだれ》を集めて早し最上川」。元禄二（一六八九）年旧六月、芭蕉はここから乗船して清川まで下り出羽三山へ向かった。芭蕉乗船地からながめる最上川は、水量豊かにゆったりと流れていた。最上川の船旅は明治二十六年、正岡子規も大石田から下っている。日中二十六度の気温も夕方には下がり、緑のそよ風を受けつつ最上川沿いの道を行く。大石田町の山間へ入り休耕田で幕営。「そばの里」で知られる、次年子《じねんご》の山村集落をぬけて峠にさしかかる。前方の高山はまだ残雪が豊富だ。峠にも雪が残り、雪解けの湿地帯には早くも水芭蕉が咲いていた。峠を下ると葉山登山口の山ノ内。河北《かほく》町にはサクランボが目立つ。幹や葉は桜に似ているが、枝振りはリンゴの木のようだ。実はまだ青いが六月には赤くなるという。

芭蕉乗船地（本合海）

　大江町へ入ると、雪をつけた朝日岳連峰の一部が見えてきた。左沢《あてらざわ》駅で休息。登校の高校生が大勢電車に乗り込んだ。かつてこの駅は朝日岳登山の時に利用した。駅舎は三十五年前と変わらないようだ。「最上川舟唄」発祥地の当町では、六月下旬に舟唄の全国大会が開催されている。

　昨日に引き続き最上川沿いに、車の少ない県道を歩き長井市へ着く。市街地を通りぬけ、飯豊《いいで》町から国道をとって小国《おぐに》町へ向かう。飯豊山の登山口、小国駅も昔と変わらぬ田舎の駅の風情を漂わ

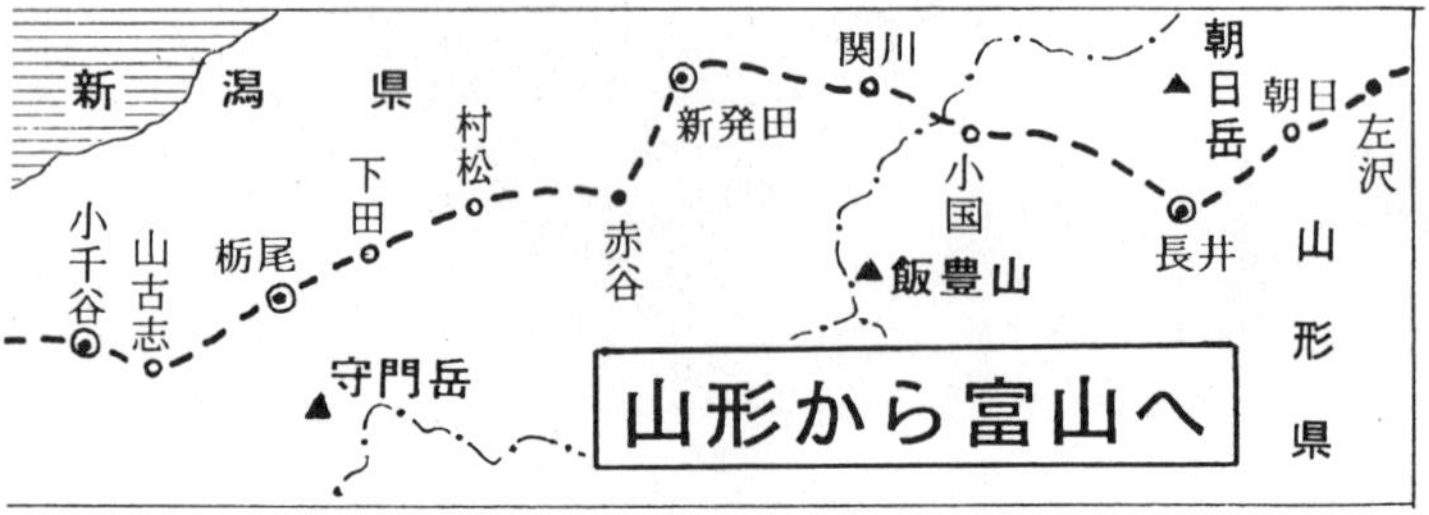

せていた。朝市のおばさんから「うちの畑で今朝とったんだよ」の声に誘われ、値段も聞かずにトマトを二つ買う。四百円と言われびっくり。「高いからいいです」とも断れない。ところが表面に艶《つや》がありずっしり重い。中身まで全て赤く、こんなエキスの詰まったトマトを食べたのは初めてだ。一個二百円の価値は十二分にあった。

会津街道

赤芝峡を過ぎ、山形県から新潟県の関川村へ入った。荒川の土手下の芝生にテントを張る。すぐ前は豊富な清流、今回の旅では最高のキャンプ地だ。関川から新発田《しばた》市へは、東に雪の飯豊山を見ながら山間の田んぼの中を行く。道端で休んでいると農夫が近づいてきた。「飯豊山に登るんかい。わしは七十一歳でもう登れんがあんたは四十歳代で若くていいのぉ」。本当は十歳の違いだけなのに。日除けのため帽子からハンカチを垂らしていたので、顔の皺がよく見えなかったらしい。若く見られるのは良いのか悪いのか……。

新発田市街地の近くで、ようやく広々とした水田地帯になった。商業高校の前を通り市街地へ入る。駅の待合室で休息。各種の新聞が見

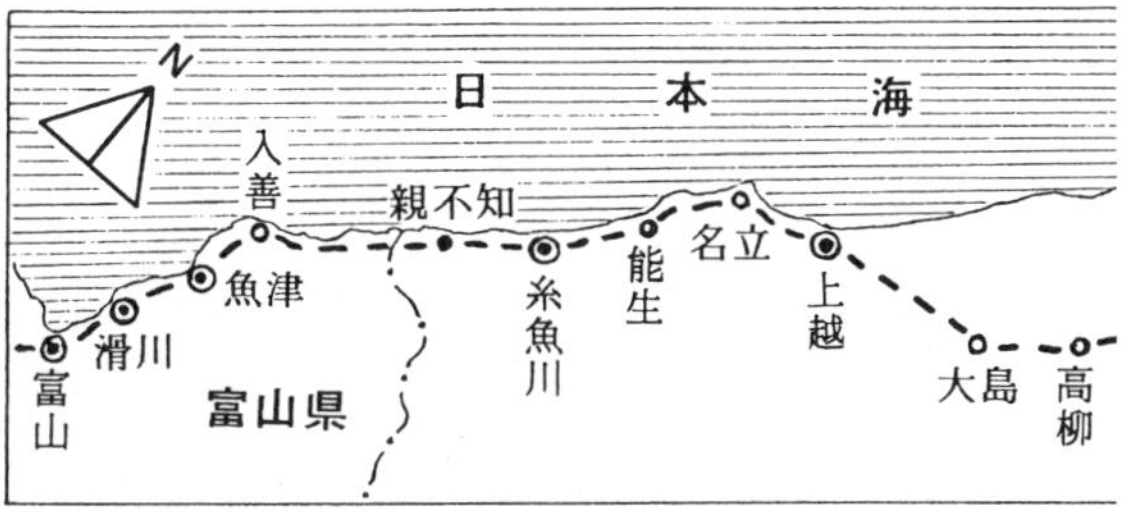

られるような、サービスがゆき届いている。新発田からは途中まで「会津街道」をとる。「津川街道」とも呼び、参勤交代に使われた松の並木道であった。今は米倉に数本残っているにすぎない。今夜は雨の予報なので、加治川にかかる小戸橋の下を宿とした。

ひさしぶりの青空。赤谷《あかたに》の集落は道路の脇を用水が流れ、旧街道の面影を残していた。写真を撮っていると地元の老人が寄ってきた。「ここは会津街道の要衝だったんだよ。元の集落は下の方だったんだが水害でここへ移ってきたそうだ。古戦場が多く一里塚も残っとる。飯豊鉱山などあって鉱山町としても栄えていたんだ」。

峠を越えると、五頭山一周ウルトラマラソンに出合った。車が少ないので選手も安心して走れる。阿賀野川の大河を眼下に村道を行く。国道に出るとすぐに五十島《いかしま》トンネル。トンネルをさけた旧道は緑いっぱいの道だった。

阿賀野川舟下りの発着所は道の駅、魚市場、物産市場も兼ねている。天気の良い日曜日とあって混雑していた。歩きながら携帯ラジオで夏場所大相撲の千秋楽を聞く。昨日貴乃花が膝を痛め、休場と思ったら出るという。優勝決定戦で足をひきずりながら、巨体の武蔵丸を投げ捨ててしまった。小泉総理と同じく「大感動」。

山古志村

村松町の市街地は、いくつものカギ型の国道が走り城下町の名残をとどめていた。青空が出てきたので、用水路でシャツやズボンを洗濯。よく絞ってから着た。最初は肌にはり付いて冷たいが数時間でほぼ乾いてしまう。

高原状の峠を下ると雪の守門岳《すもん》が見えてきた。下田《しただ》村の水田地帯では、悠揚迫らざる全貌を現した。再訪した栃尾市内は少し暗い街のイメージを持ち続けていた。それは軒からひさしを長く突き出した雁木《がんぎ》の街だったからだろう。今も雁木の古い街並みは当時のまま残っていた。雁木の総延長は新潟で三本の指に入る。

阿賀野川と洞門（五十島付近）

今日は朝から抜けるような青空。川で頭や体を洗い開けた山間の道を行く。ときどき集落が現れるのみ。昼ごろ半蔵金集落に着き、木陰で涼風に吹かれながら清流の音を聞きつつ休む。周囲は全てがみずみずしい緑の中。栃尾最奥の田代集落は棚田が峠付近まであり、開拓村の面影をとどめていた。

峠を下り山古志《やまこし》村に入る。棚田と共に鯉の飼われている池が現れた。村は錦鯉の発祥地で、鯉と闘牛が売り物になっている。闘牛は他にもあるが、国指定の文化財になっているのは山古志村の「牛の角突き」だけ。指定の理由は古来の競技習俗がそのまま残る。村人の生活に溶け込み興行化していない。歴史を裏付ける資料がある等による。『南総里見八犬伝』には、犬田小文吾が闘牛の日に暴れた牛を取り押さえる場面が出てくる。

歩道トンネル

羽黒トンネルの脇には歩道トンネルがあった。長さ五百五十メートル、幅一・五メートル、高さ二・五メートル。歩行者だけのミニトンネルだ。出入口の壁には闘牛が描かれている。ぬけると村の中心地に出たが、あるのは役場の他に数軒のみ。期待していた食事にありつけなかった。

東頸城丘陵

錦鯉の養魚場を見つつ小千谷《おじや》の市街地へ向かう。鯉の街だけあり、小千谷駅には錦鯉の泳ぐ池が設置されていた。地下道の出入口は鯉が大口を開けたデザイン。市街地は信濃川を挟み東西に分かれている。

市街地をぬけて小国トンネルをめざした。ところが、トンネルの修復工事で交通止め。やむなく東頸城《くびき》丘陵の道見峠《どうけん》への道を選ぶ。峠道は展望の良いゆるやかな尾根道だった。車も通らず道端は草花の競演、得をした気分で歩く。峠を下ると屋敷林を背に、わら葺き民家も残る法末《ほうすえ》集落。「これぞ山村」の風情に包まれていた。

一度国道へ出て大沢峠への道に入る。東頸城丘陵には小さな峠が多い。峠を越えて高柳町へ。町の食堂を出るとポツリポツリと雨。幕営は役場近くの橋の下と決めていたのに、運悪く架けかえ作業中で撤去されていた。雨は本降りになり不安はつのるばかり。宿を探しながら行くと天の助けか。小流にかかる橋の下に、雨の吹き込まぬ絶好の場所があった。今日は特についている日だった。一日中雨の予報は外れ、トンネル工事で花の道見峠を越え、橋の撤去で最後は安眠できる宿に恵まれるとは……。

大島村の板山不動の岩屋を見学後、白鳥の飛来する沼のほとりを通り、一直線の国道で直江津市をめざした。北海道を除きこんなに長い直線道路は珍しい。

自転車歩行者道

直江津で昼食後、国分寺三重の塔や親鸞《しんらん》上人の上陸地に遊び、北陸道の国道に出る。海は見えるものの、車と一緒の主要道を歩くのかと思うと気が重い。ところが国道に沿うように糸魚川《いといがわ》まで、三十キロに及ぶ「久比岐《くびき》自転車歩行者道」があった。旧北陸本線跡が整備され、歩道に生まれ変わっていたのだ。

天気は上々、道端は草花の連続で、海もすぐそばに見える。いくつかのトンネルをぬけ、快適な歩道を進んで能生《のう》町へ入る。砂浜で幕営の予定だったが風が強く、自転車の駐輪場に変更した。

国宝の白山神社の裏山は、姫春蝉の発生地としてこれも国の指定を受けている。小さな蝉で、夏の初めには山全体が蝉の大合唱になるという。高見崎を回りこむと、海岸沿いに糸魚川の街が見えてきた。奴奈《ぬな》川姫の大標識に迎えられて糸魚川市へ入る。市街地に近づくと早川の奥に焼山、火打山など妙高《みょうこう》山群の山々が見えていた。まだ雪で真っ白だ。

糸魚川駅前の奴奈川姫像に再会。七年前の夏、糸魚川から掛川まで大地溝帯に沿って歩いて以来だ。奴奈川姫は絶世の美女で、求婚のため出雲からきた大国主命と夫婦になった。姫川の大橋を渡る。どの川も雪解け水を集め白く濁っており、河口なのに流れが早い。まだ陽は高かったが、日程に余裕が生まれたので青海《おうみ》の波打ち際の砂浜で幕営。玉砂利の浜に打ち寄せる波を見ながら、陽の沈むのを待つ。水平線を赤く染めて海に消えた。振りかえると月が出ていた。

親不知

雲一つないおだやかな凪《なぎ》の朝、波が静かにゆったり打ち寄せている。秀吉と上杉景勝会見の城、勝山城址の下を過ぎると「親知らず・子知らず」の断崖が待つ。絶壁に張り出たベランダ状の歩

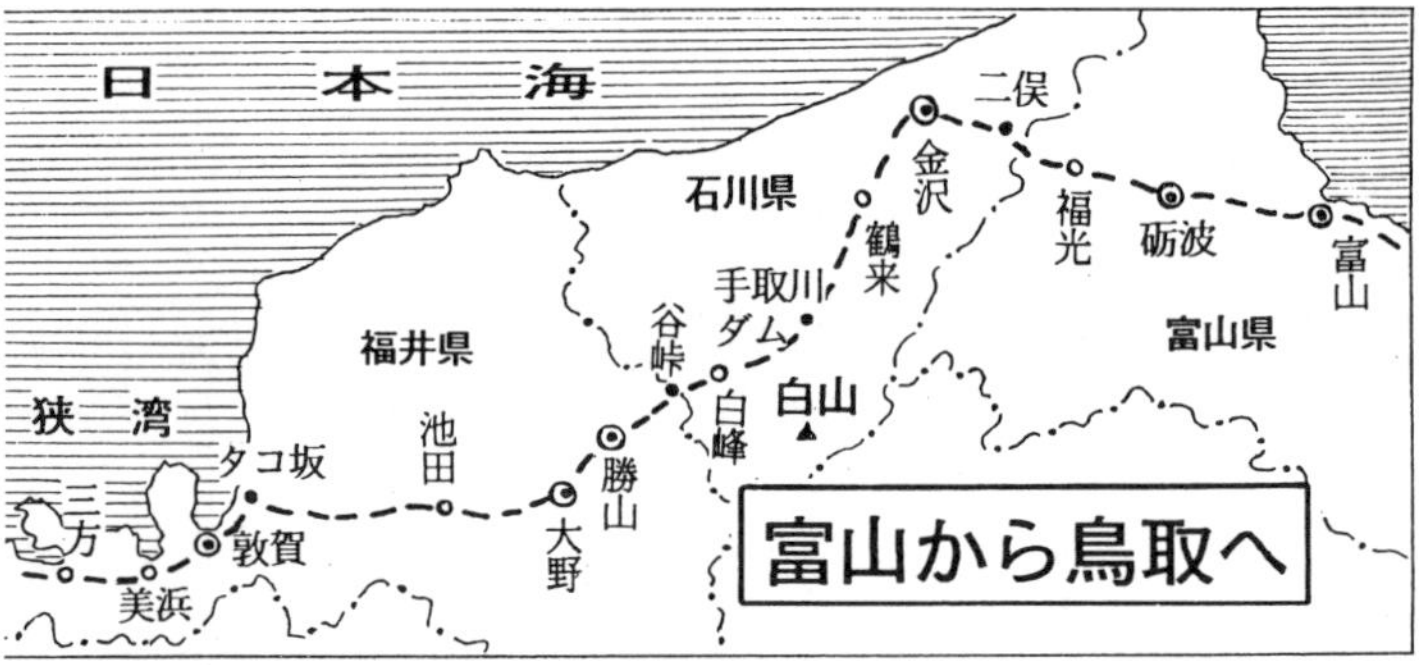

道もあるが、車に危険を感じながら一時間ほど歩く。昔から「駒返しの難所」として知られ、地元の俳人も詠んだ。「岩角の蔦を手綱や駒返し」。

親知らずは、飛騨山脈が日本海に落ち込む断崖。伝承では哀話が残る。平頼盛は源平合戦に敗れ越後に退隠した。あとを追ってきた夫人が懐《ふところ》の児を落とし、波にさらわれてしまった。「親しらず子はこの浦の波枕、越路の磯のあわと消えゆく」

天険トンネル手前から遊歩道がある。旧道を整備したもので、途中の一枚岩には「如砥如矢《とのごとくやのごとし》」の文字が刻まれている。明治十六年、海岸伝いの危険な道に代わり、この道が完成した時の喜びを刻んだもの。日本アルプス名づけ親のウエストンも訪れ、断崖文字を驚嘆しながら紹介している。ここには親知らず四代の道がある。

親知らずを過ぎても二キロほど洞門が続き「市振の海道の松」で難所は終りほっとする。市振は親知らずへ向かう者、通過してきた者の宿場だった。芭蕉は桔梗屋に投宿したとき「一つ家に遊女も寝たり萩と月」。ロマンチックな一句を詠んでいる。

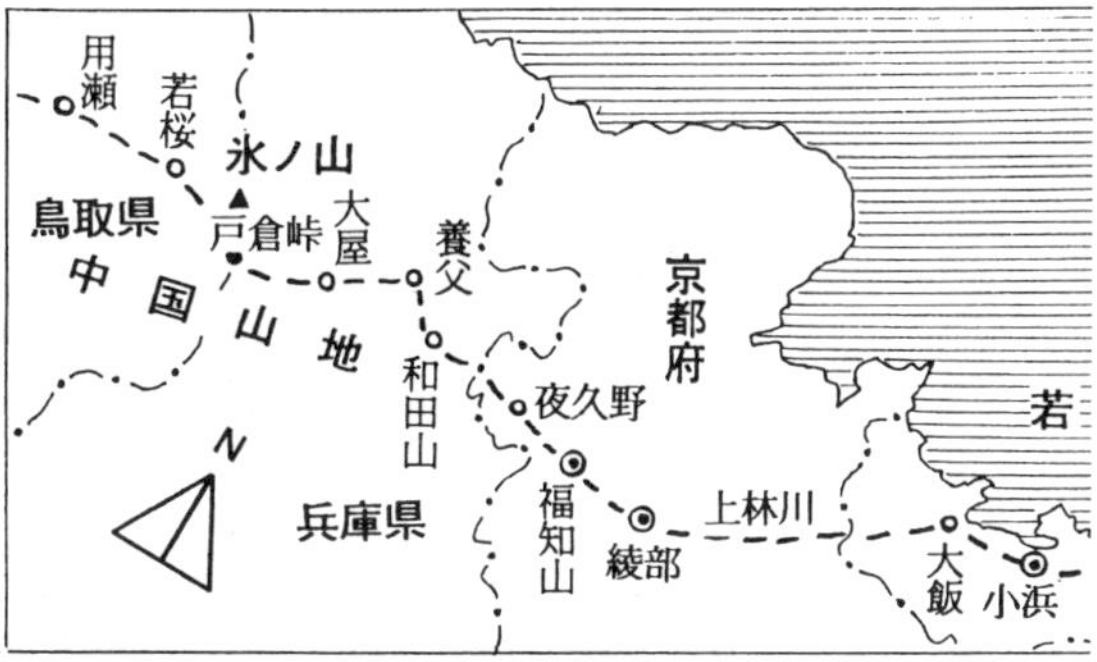

富山に入ると、県で唯一の一里塚や関所跡がある。静かな境集落を通り一度国道へ出て、宮崎駅の所から海岸線の道へ入る。今日は日曜日で暑く、釣人や家族連れが目立つ。海に入り戯れている子供たちがいた。

富山湾岸

入善《にゅうぜん》町は「湧水の里」にはじず湧水井戸が多い。まろやかで甘い感触の湧水でたてるコーヒー店もある。ここでは海岸付近が黒部川の扇状地の扇端に当たり、地下水が地表近くに出てくるのだ。大量の湧水がそそいでいるので、富山湾の海水はとても澄んでいる。自噴水の湧水公苑で休息後、黒部川の河口を渡り生地《いくじ》台場跡へ行く。加賀藩が外国船警備のため五つの大砲を設けた跡だ。扇状地の一部が海に突き出した狭い生地だけで、十八もの有名な清水（しょうず）があった。

魚津市内の銭湯で旅の垢を落とすことにする。品の良い老婦人が番台で迎えてくれた。イレズミをした兄さんがいた。なるべく湯船の隈でさけていたのに、何故か寄ってきて怖かった。さっぱりした体で、再び海岸線を一時間ほど歩く。沖合に蜃気楼《しんきろう》が現れ、海中には埋没林があること

水橋漁港のせり

で知られる。浜辺での幕営地を確保、三日連続して海に沈む夕日を見ることができた。

早朝、テントから顔を出すとすぐそばで釣人が糸をたれていた。いつもこの場所で釣っているのだという。アマダイ、クロダイ、スズキなどの大物がかかるらしい。海岸道路で、滑川市内を通り富山市へ入る。水橋漁港ではせりの真っ最中だった。ホタルイカが有名だ。邪魔にならぬように見学してから、海岸沿いに富山港に向かう。湾内には大型船が停泊していて外国人が目につく。展望台から港を一望した。

正午ごろ富山駅に着き、売薬資料館の見学に出かける。三百年の伝統ある売薬は、原料薬の購入、製薬、販売、行商などを含めたもの。嘉永六（一八五三）年には、二千二百九十二名の行商人がいた。北海道を除く全国に分布、うち関東組は三百八十一名。富山県では昭和六年まで県内生産物の第一位であった。特に市内では昭和三十年代まで、三軒に一軒は売薬にかかわる仕事に従事していた。

富山城址を散策して、富山駅に戻る。今日は六月五日、青森から歩いて二十六日目である。そろそろ梅雨に入るので、一旦旅を中断し夜行バスで家に戻った。二ケ月後の八月十日、再び富山駅から再開した。

殿様道

駅前から神通川《じんずう》を渡る。砺波《となみ》との境にくると突然はげしい夕立。雨宿りも兼ねてドライブインで早めの昼食をとる。小降りを見はからって外に出た。県立公園の頼成《らんじょう》の森を左にして下ると千光寺。北陸三十三観音の二十八番霊場で、杉の森に囲まれた広大な境内に立派な仁王門、観音堂、拝殿などがあった。

砺波平野に入ると、屋敷林のある民家が水田の中に点在する散村風景が見られた。砺波駅前から福野町へ向かう。周辺は水田と民家で幕営の場所がない。公民館と隣接した苗加神社の裏手に求めた。翌朝は暗いうちから、公民館のゲートボール場に老人が集まってきた。不審者と思われぬうちに撤去して退散。

朝からとつぜんの雷雨、水浸しの道を歩く。幸い一時間ほどであがり、福光町の駅で休む。岡本かの子作詩『女人観世音』を棟方志功が版画化。それが駅前の噴水を囲む壁に描かれていた。志功は昭和二十年から六年間、当町で疎開中に制作して世に出た。

車の少ない朴坂峠への車道を行く。峠は医王トンネルが貫通していた。近くには三軒茶屋の地名もあり、福光町坂本から加賀二俣をへて金沢へ至る道。藩主が通ったので「殿様道」と呼ばれた。県内最古、奈良時代からの官道で連如上人も通過した。樹林の繁る中を下る。道端には、花の添えられた観音像が等間隔で置かれていた。石崎市右衛門が、娘の供養のため三十三体納めたものである。

金沢市

石川県に入る。左下に医王ダムを見つつ、トンネルをぬけると二俣の古い町並み。「左福光道、右山みち」と刻まれた、大きな自然石の道標が迎えてくれた。集落の中ほどに本泉寺がある。山門前の民家の入口に「出島後援会」の看板を見つけた。最近は病気や怪我で低迷、看板もわびしそうだ。角間には金沢大学の大キャンパス。これより整備された並木の歩道を行く。

若松までくると賑やかになり、浅野川を渡って金沢市街地へと入る。泉鏡花、室生犀星、徳田秋声、「金沢の三文豪」所縁《ゆかり》の地である。兼六園と石垣の立派な城址の間を通り県庁前に出る。繁華街の香林坊をぬけると犀川の橋に出合う。川沿いの遊歩道は「犀星《さいせい》みち」と呼んでいる。生誕地には犀星記念館が建てられている。「ふるさとは遠きにありて思ふもの……」最近覚えたことはすぐに忘れるが、若いころ記憶したものは自然に口から出てくる。遊歩道の隅に幕営、夕方遅くまでウオーキングの市民が多かった。

鶴来《つるぎ》町へ向かう途中、額東神社で休息。一対の狛犬の一頭は逆立ちしている。珍しいので写真を撮る。鶴来には古い町並みが残っていた。旧辻家の横町うらら館に立ち寄る。天保三（一八三二）年の商家の建物で百七十坪ある。江戸時代には、加賀藩の年貢米を管理する蔵宿をしていた。現在は町のボランティアによる、無料休息所として開放されている。

富山から歩いて来たことを伝えると「ゆっくり昼寝でもして休んでいかれたら」。しきりに引き止めてくれたが、お茶をいただいてから辞した。加賀一宮の白山比咩《しらやまひめ》神社は、長い杉の参道を上った境内に大きな社殿が建つ。参拝のあと手取渓谷に沿って上流へと進む。三時ごろに夕立。止むのを待って吉野谷まで歩き、パーキングエリアの隅に幕営した。

恐竜化石

高さ百五十三メートルの手取川ダムに着く。ダム展示館をのぞくと、二人の女性係員が開館前の掃除中。わたしに気がつき入れてくれた。パンフレットとタオルまでいただく。お盆に入ったからだろう。ダムサイトにはドライブの家族連れなどが増してきた。

ダムから湖畔沿いに、トンネルをぬけながら白峰村へ向かう。桑島で大きな恐竜模型の出迎えを受けた。恐竜パークもあり、護岸には恐竜が描かれている。この付近の地層は恐竜化石が出土する有名な手取層だ。

白峰には白山御本地仏のお堂がある。霊峰白山には御本地仏の他、多くの尊像が祀られていたが、明治維新の神仏分離令で山を追われた。白峰村の林西寺住職が拝受し、当地にお堂を造り安置して難を免れた。

白峰をあとに県境へ達した。一四六二メートル、長い新谷トンネルの入口には「言うない地蔵」が祀られている。二体あり、昔は谷峠に加賀、越前の両国から一体ずつ安置されていた。伝承では峠の地蔵尊前で、強盗殺人を犯した賊が「他人に言うない」。「わしは言わんがお前が言うぞい」。地蔵がつぶやいたとか。十数年後、賊が峠にさしかかると地蔵尊に祈る少女に出合った。賊はうっかり身の上話をしてしまった。被害者の娘とわかり、罪を悔いて自ら命を絶ったそうな。

トンネルをぬけると再び恐竜の出迎え。ここ福井県勝山市は、手取層群の恐竜化石の宝庫である。昭和六十一年、白峰村から一本の肉食恐竜の歯を発見。続いて六十三年には勝山からも歯の化石が見つかった。平成元年から本格調査の結果、骨、卵、足跡を発掘した。当時は中国大陸の一部で広大な河川の流域だったらしい。

大野市

谷峠トンネルから、快適な樹間の旧道を下り谷集落へ着く。昔のままのたた住まいで、古い山村の風情が残り、道端のお寺の鐘撞堂にも趣がある。河合で国道に出て駐車場の植え込みの陰にテントを張り、数名のバイク仲間の若者と一夜を明かした。

勝山市街地へ入ると左手に、越前大仏の金堂と五重塔に続いて平成の勝山城が見えた。九頭竜《くずりゅう》川を渡ってトンネルをぬけ大野市へ入る。古い城下町の町並みが随所に残っていた。今日も暑い。

百選の名水を主婦と一緒に飲んでから、木陰の遊歩道を大野城へのぼる。山頂の城からは市街地が一望、その奥には端正な姿の荒島岳が見えた。地元出身の深田久弥氏が、不評を覚悟で百名山に入れたのもわかる気がする。蝉しぐれを聞きつつ休息、猛暑も風があって救われる。

大野から美山町境の峠へ向かう。一時間ほどで峠に着き、トンネルをぬけた道端の草むらでしばらく昼寝。時折通る車がちらりと見て過ぎる。峠を下ると比較的広い水田地帯になり、次々に集落が現れた。沿道には各家の立派な墓地。夕暮れに家族が、花をたずさえてローソクに灯をともしにきた。明日はお盆の中日である。

敦賀街道

池田町には、須波阿須疑《あわあずき》神社という変わった名前の大社があった。社殿も古式の重厚な造り。足羽川の橋近くの大欅下で昼食。これから板垣トンネルに行くので、元気の源になるトマトを二つ食べる。ポパイはホーレン草だが、トマトで何故か活力がわく。

今日も暑く、沢水を頭にかけながら峠へのぼる。トンネルをぬけ、今では珍しい砂利の旧道を武生《たけふ》に下る。今夜は日野川の土手で幕営。花火をあげに来た親子連れがテントを見てびっくりしていた。

武生トンネルから、敦賀《つるが》湾岸へ出て「敦賀街道」を南にとる。タコ坂にはトンネルが多い。父為時が越前の国司になったとき、紫式部もこの難所の道を通った。暑さに耐えきれず阿曽の浜で海に入る。連日の猛暑で海水はなま暖かい。敦賀市の海水浴場はキャンプ禁止。道端にテントを張り、通風窓から敦賀の花火を楽しんだ。

越前国一之宮、気比《けひ》神社に詣でてから、日本三大松原の「気比松原」へ。海岸線に沿って、手入れのゆき届いた松原が続いていた。天平年間、聖武天皇代からと歴史が古い。「一夜の松原」と呼ばれ神社の新苑だった。ゆるやかな関峠を越え美浜町の若狭《わかさ》湾岸へ出る。若狭ビール工場の千鳥苑で昼食。一度店を出たが、地ビールを飲まなかったことが気にかかり、引き返してしぼり立てを飲む。アルコール度は弱く一気に喉を通った。

美浜町の中心を流れる耳川で水浴。温水プールのようで体はあまり冷えないが、清流なので気持ちの良さは格別だった。美浜市街地は旧道沿いに素朴な家並み。三方町の市街地まで続き、歩く道としては最適である。

小浜付近

丹後街道を進み倉見峠を越える。上中町からは、鰤《ぶり》街道の旧道を選びつつ小浜《おばま》市へ向かう。市街地に近づくと大きな森の中に、若狭一之宮の若狭姫神社があった。神殿の側にそびえる「千年杉」は、主幹から両手を上げたような幹が伸びて貫禄十分。

スーパーをのぞくと、大きなメロンが二つで三百八十円。トマトと一緒に購入したので急に荷が重くなった。軽くしようと、メロン一つとトマトを食べる。こんどは腹が重くなってしまった。

小浜の南川で深みに入り、顔だけ出して体を冷やす。「今では子供も川で水浴しないのに、六十過ぎがすることではないいな」と自問しつつ。

小浜の鰤街道

小浜郊外ではすでに稲刈りをしている。五月の東北の旅では田植えの真っ最中だったのに。大飯《おい》町の市街地手前から、佐分利川沿いに綾部方面の道をとる。しだいに人家はまばら、夕刻が迫り心細くなる。リュックの中にはメロンが一つだけ。やっと見つけた農協の店も終了していた。明日の食料を心配しつつ川辺で幕営。

最奥の川上集落を過ぎ、京都府への峠に着く。峠には「従是西・丹波国」の石標が立つ。京都側へ下るとすぐに水田が現れた。ようやく小さな雑貨屋でパンを買う。店のベンチで一つ食べると元気が戻った。小さな車がのろのろと店の前に止まる。中から乃木大将のような老人が、背を丸めてやっと出てきた。私の姿を見て、「歩くことは健康にええことだ」と言いながら、杖をつきつきよたよた店に入った。

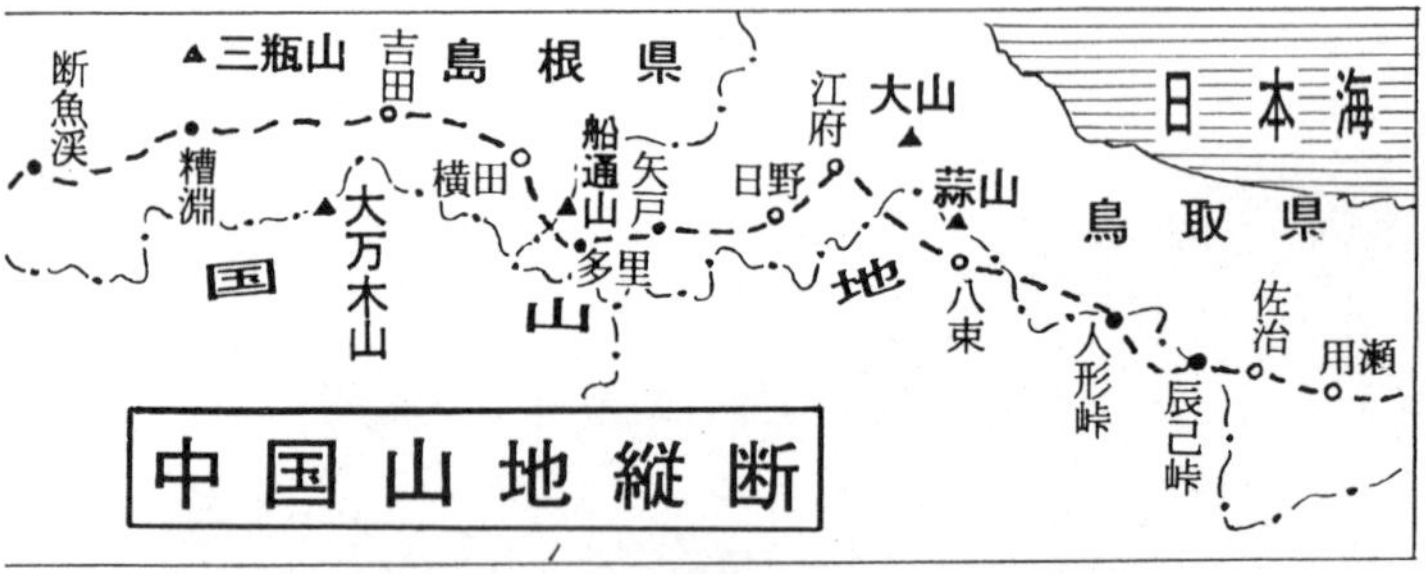

人や車はほとんど通らぬとはいえ、運転は危険極まりない。

今日も上林川で水浴を楽しむ。足の裏に大きな魚がもぐってきた。取り逃がしてしまいサシミの夢は消えた。この水系は魚の宝庫で小さな用水路にもたくさん群れている。幕営予定の由良川へは、谷が深くて河原へ降りられなかった。

中国山地

今日は台風十一号の接近で午後から雨の予報。晴れが続いたのでしかたがない。綾部市と福地山の市街地をぬけると、予報通り雨が降ってきた。まだ早かったが大山集落の八幡神社に逃げ込んだ。

雨の日の出発は気が重い。夜久野町を過ぎて兵庫県の山東町へ入る。ここから津和野付近まで中国山地を縫《ぬ》う旅が始まる。矢名瀬駅で休息後、再び雨の中を歩く。和田山町郊外の大型店で昼食と食料を購入。テレビで明日は天気が回復との予報、とたんに晴れやかな気分になる。激しい雨の中を養父《やぶ》町まで行き、大屋川の橋の手前で避難場所によいトンネルを見つけた。夜半から風雨は強まり、テントをゆらすが雨は吹き込まない。こんな夜は車も通らないだろう。安心して

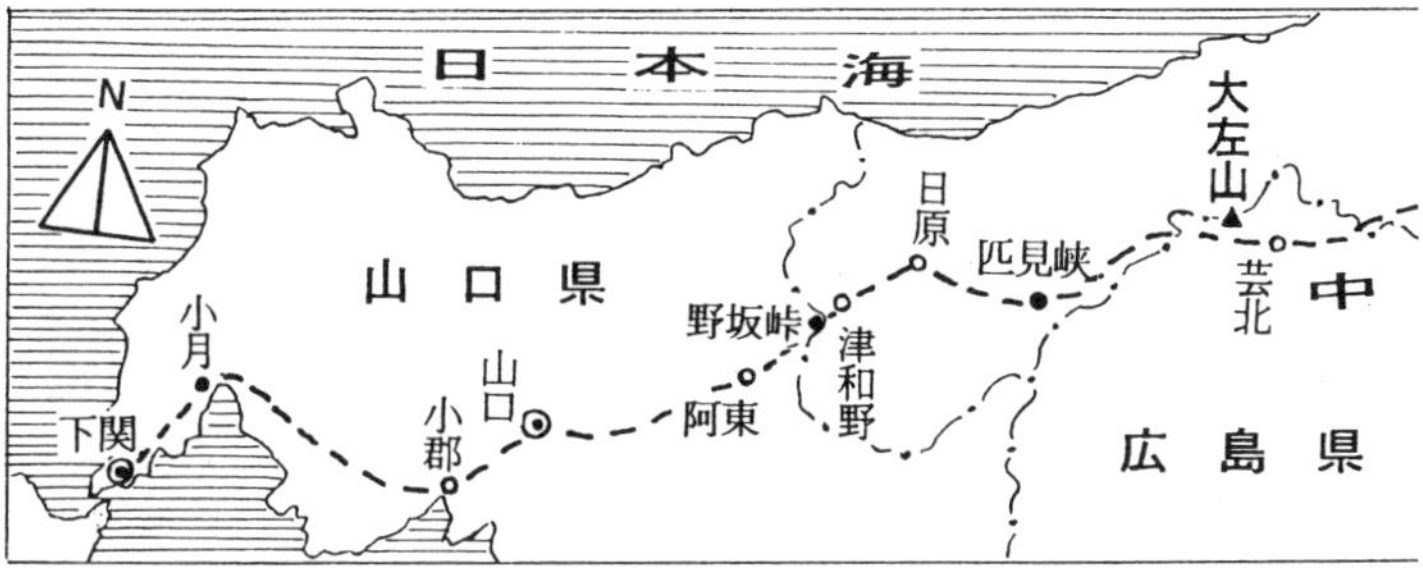

眠ることにする。

台風は去ったものの、朝になっても雨は降り続いていた。大屋川は川幅いっぱい赤茶色の濁流だった。九時ごろ前方の空に青空がのぞき小降りになった。地蔵堂で休んでいると雨はあがり陽がさしてきた。

大屋町のスーパーで食料を買う。店の入口では研ぎ屋さんが商売。買物客がハサミ、包丁など置いて店の中に入る。買物中に仕上げ代金は千円ぐらいだ。大屋の町中をぬけると、若杉峠への長い道が待っていた。大屋川も少しずつ水量が減り、しだいに清流になってきた。最奥の若杉集落から峠へのヘアピンカーブが続く。峠からは大屋方面の展望がよく、峠を下ると道谷《どうたに》の小集落。自動販売機が一つもないのが良い。氷ノ山《ひょうのせん》登山口で幕営。山頂へ登った当時を思い出しつつ眠りについた。

若桜町

朝から晴れ上がった好天で、めざす戸倉峠方面の空は真っ青。早くも背後からは強い陽ざしを受ける。新戸倉トンネルを出ると鳥取県若桜《わかさ》町。かつての城下町は「因幡《いなば》の中の播磨《はりま》」と呼ばれていた。山陰と山陽の文化、物資の交流点で「播磨往来」の宿場町だったからだ。

カリヤ通りに大きな構えの商店が残り、蔵通りにはせまい道に面して蔵が立ち並ぶ。若桜鉄道の駅は、ローカル線にぴったりの木造住宅風の駅だった。路線沿いに八東《はっとう》町から船岡町へ向かう。すでに夕暮れなのに、よいテント場が見つからない。駐在所の裏の畔道が芝生で寝心地がよさそう。それに安全だが気がとがめ、荒地のセイダカアワダチ草の中へ張る。蚊や虫の住み家だった。

夜明けを待って早々に退散。ところが体にまとわりつき、顔にブンブン攻撃してきた。黒いハンカチで覆面をしながら歩く。怪しい者と思われぬよう、ハンカチを取って早朝の散歩の夫婦に道を聞いた。竹林公園から山道をぬけて国道に出る。用瀬《もちがせ》駅で用を足したら懐かしや、お釣りをもらうトイレだった。

流しびなの里、用瀬をあとに「佐治谷七里」に向かう。辰己峠まで二十二キロの長い道のりだ。佐治川が水量豊かに流れている。この流れが尽きるまで溯《さかのぼ》らなければならない。佐治村の中心、加瀬木の商店で食料を買い上流へ向かう。最後の栃原を過ぎるとようやく峠へのヘアピンカーブの急登になる。途中に東屋の休息所があったので、陽は高かったが終りとした。夕暮れのあかね雲をながめ、時間はゆったり流れた。

木地屋集落

早朝、「辰己峠」と刻まれた石標と石仏のある峠に着く。恩原湖では釣人が一人糸を垂れているのみ。三十五年前、奥津温泉から越えた人形峠は長いトンネルが貫通していた。「津山往来」と呼ばれたこの道は、「虹の道」として整備された。

峠を下った最初の集落は木地山という。麦藁の民家が残る昔の木地屋集落だ。原木から椀、盆などを作って生活していた。墓地の石塔はほとんどが小椋《おぐら》姓。鈴鹿山脈の小椋谷が木地屋発祥の地である。

木地山集落

　今日も残暑が厳しく加谷川の清流に飛び込む。浴槽に似たよどみがあり、野趣あふれる天然水風呂だ。峠を二つ越えて八束《やつか》村へ入ると、形の良い蒜山《ひるぜん》が見えてきた。上中下の三つの峰からなり裾野は広大な蒜山高原。「青春の旅」では三山に登り大山《だいせん》まで縦走した。役場近くの川岸に幕営。夜半に激しい雨が襲い、テントの中へ水が侵入してきた。タオルに含ませて水を絞り出す。こんな惨《みじ》めなことはない。

　右手に蒜山を見ながら歩く。道の駅では新鮮な果物や高原野菜を安く売っていた。ナシとトマトを買う。重くなった荷とは反対に、食べられる喜びで心は軽い。内海峠を下りはじめると中国地方一の高峰、一七二九メートルの荒々しい大山《だいせん》が見えてきた。頂部は秩父の両神山《りょうかみさん》に似ている。高さも同じぐらいだ。

下蚊屋《さがりかや》の集落には伝承がある。元弘の変のとき後醍醐天皇がこの地で休息。「蚊はいそうもないから蚊屋を吊ることはない」と言って下げられたという。江戸初期から木地屋三十二軒の里で、昭和初期まで木地製品を生産していた。

江府《こうふ》町に着き江尾《えび》駅で休息、駅は小図書館になっている。読書中の老人にスーパーの場所をたずねる。「あるにはあるがねぇ、今日は日曜日なんで店はどこも閉ってると思うよ」。街中へ出ても食料確保ができなかった。日野川沿いに国道を進む。武庫《むこ》駅のホームは一般の歩道になっている。こんな駅も珍しいのでカメラにおさめた。日野町へ入ったところで、国道沿いの貝原神社の社殿裏に幕営。

楽楽福神社

ラジオ体操に向かう子供たちと歩き、根雨《ねう》駅で一息入れてから静かな市街地を行く。出雲藩主は参勤交代の途次、根雨宿に宿泊することを例とした。本陣の門だけが残る。「知らない町を歩いて見たい……」。歌のイメージぴったりの町並みだった。

生山《しょうやま》で食料を買い多里宿へ向かう。途中の矢戸に松本清張文学碑があった。「幼き日、夜ごと父の手枕で聞きしその郷里矢戸、いまわが目の前に在り」。清張は矢戸出身の父母のもと小倉で生まれた。もと田中姓で、事情があって松本家へ出された。高名になり矢戸を訪ねたときは、遠い親戚の田中さん達も大勢集まり歓迎会が開かれた。

裏側の碑文を読み終え立ち上がると、正面で碑を見ていた中年男性と顔が合った。「いきなり碑のうしろから山頭火《さんとうか》のようなのが現れたんで、そりゃぁびっくりしたよ」。米子《よなご》で出版社を経営する楪《ゆずりは》氏だった。富山から歩いて来たことを告げると羨やましがられた。自ら著した『日野川の伝説』をいただく。今日たどった日野川沿いの興味深い話がたくさん載せられていた。

楪氏と別れ先へ進むと、左の山の森に東楽楽福《ひがしささふく》神社があった。参拝の帰りに参道口で畑仕事をしていた人に、「立派な神社ですねぇ」と声をかける。「もう一つ西の神社は荒れてるが、彫刻がすごいからぜひ見るといいよ」。

橋を渡ると今度は右に西楽楽福神社があった。地元民が自慢するだけあり、本殿の彫刻が素晴らしい。さっそく『日野川の伝説』をひもとく。当地で鬼退治をした孝霊天皇は、日野川を挟んで東に天皇、西に皇后の行宮を造って逗留した。東西の二社はその跡地だと記されていた。神社の見学後、遅くなったので多里への道を急ぐ。ところが川沿いに良いキャンプ地を見つけ、まだ早かったが今夜の宿地と決めた。砂地をならしてテントを張り清流で体を洗う。時間はウマに食わせるほどたっぷりある。日暮れまで岩畳に腰を下ろし、川面《かわも》をながめながら至福の時を過ごした。

多里の家並み

出雲横田

多里《たり》は山裾《やますそ》に沿う細長い集落。「従是右備後左備中・文政十年三月」の道標どおり、交易で栄えた備後街道の宿場だった。船通山《せんつうざん》登山の際に訪れたときの印象が強く、再訪を楽しみにしていた。三十五年前とあまり変わらぬ街並みをゆっくり歩く。行き交う婦人たちがみな挨拶してくれる。ふるさとに帰ったようだ。

萩山川沿いの車道を出雲横田に向かう。上萩山集落を過ぎると道は狭くなり、大型車は通れない。峠を越えて島根県へ入り横田へ下る。四時間余りの県境越えで、車に出合ったのは十数台のみだった。

横田はそろばん生産日本一だ。駅前には稲田姫の像があり神話の里である。砂鉄を産したタタラの町としても知られている。斐伊川《ひいがわ》上流の鳥上は、須佐之男命が八俣大蛇を退治し、稲田姫と結婚したという伝説地だ。町中のあちこちに伝説に因《ちな》むものが目につく。小公園の水飲場は樽に竜の蛇口がついている。

スーパー前のタコヤキ屋のお兄さんは、町の人気者のようだ。買物客から先に挨拶している。商売よりもおばさんたちとの話に夢中。元気はつらつの女子高生たちとも仲がよい。駅前の稲田姫の像に似た美形の娘さんばかりだ。

三瓶山麓

吉田村役場の手前から頓原《とんばら》方面への山道に入る。梅ケ峠を越えるとのんびりした山村の田園風景が広がっていた。都加賀の峠道からは、端整な姿の大万木山《おおよろき》が望まれた。「青春の旅」で、風雨の中を登った当時を思い出していた。

別名「七日迷山」の山中で迷い、麓の槙川《まきかわ》さん宅へ濡れて冷えた体でかけこむ。暖かいもてなしを受け、その夜は泊めていただいた。写真を撮ってあげた二人の児童も、今では四十代半ば……。いろいろ想像しながらあの日見えなかった山の姿を、三十五年目にして何度もながめた。

昨夜幕営したポンプ小屋の裏から歩き始める。すぐ雨になり、前方の三瓶山《さんべ》も雨雲に閉ざされた。三瓶山は主峰の男《お》三瓶と、女《め》、子、孫四峰の総称でいずれも丸いドーム状のトロイデ型火山。麓は広大な高原になっている。中国地方を代表する山岳行楽地だが、雨では遊んでいられない。

孫三瓶の裾を通り粕淵へ向かうと、道路工事のおじさんに引き止められた。「この先で道路工事が始まったんで車も人も全面交通止なんだ。少し待ってもらえば来た車に頼んであげるから、その車で迂回路を回ってくれないか」。事情を話すと、まだ開通していない新道をこっそり教えてくれた。

粕淵から江《ごう》の川沿いに出る。全長二百キロメートル、中国地方一の大河だけあり水量豊かにゆったりと流れる。見かけぬ不審者と思われたのだろう。パトロール中の地元警察官が車を停めた。徒歩旅行中とわかり、親切にあれこれ心配してくれた。「家に帰ったらハガキをたのむ」。名刺をさし出した。

断魚渓

早朝の川本市街地をぬけ、因原まで江の川に沿って歩く。降り出した雨もあがり、今日は断魚渓《だんぎょけい》でゆっくり遊ぶことにした。旧道をとって濁川の谷底におりる。小公園をぬけると目の前に観音滝が現れた。その上流は「千畳敷」という広い岩滑の別天地だった。岩壁に囲まれた断魚渓を一人占めしている幸せ。岩畳をうがって流れる水で体を洗い気分も壮快。

夏を惜しむように、せわしく鳴く蝉の声を聞きつつ歩く。瑞穂《みずほ》町の道の駅で昼食をとる。ちょうど改装中で、今度はコンクリートを壊す削岩機のすさまじい音。体も振動するほどだが腹のへったのには代えられない。町を流れる小流にはオオサンショウウオが住み、観察館まである。口が半分さけているからだろう。地元では「ハンザケ」と言う。最大一メートル半にもなるらしい。「裸足で川に入ってはいけません」。警告板が立てられていた。

大朝《おおあさ》町のスーパーで食料を買い、郊外の田の畔にテントを張る。夕刻まで田仕事をしていたおばあさんが、けげんな顔でテントに近づいてきた。「食事はどうしてるの。月の晩は冷えるよ、体こわさんようになぁ……」。寝袋を見せると安心したのか立ち去った。東の空にはすでに満月がのぼっていた。

今日から秋九月。おばあさんの言った通り夜は冷え込み、テントは露でびっしょり。夜明け雲が北斎の赤富士の絵のようだ。

芸北町の中心には、立派な松並木の旧道が少し残っていた。国道から分かれて大佐山の南麓をまく県道をとる。長い八幡《やはた》トンネルをぬけると八幡高原。原野が広がっていると思ったら、見渡すかぎり水田の平地。その中を直線道路が走っている。沿道のコスモスは早くも満開だった。

表匹見峡

匹見峡

昨日の午後から少し右足首が痛い。左の靴に穴が空きはじめたので、右足に体重をかけて歩いたからだろう。匹見川《ひきみ》に沿って行くと途中にタタラ遺跡があった。文政七（一八二四）年に入山。砂鉄を木炭で溶かし、鍛冶で製品にしていた跡地である。三百人余りの関係者が毎日従事。出入口には番人が厳重な警備をしていた。

奥匹見峡は、本流から二キロほど奥へ入った支流の峡谷。小竜頭の奥に大竜頭の大岩壁からみごとな滝が落下していた。その下流も狭い岩間を清流が洗う。秘境の言葉がふさわしい。本流に戻って下ると渓谷美が増して表匹見峡になる。道路沿いから、ほぼその全貌が真近に見える渓谷も珍しい。

匹見市街地へ着き、あてにしていたスーパーをさがす。明日は人家の少ない道を歩くので、食料を確保しておかねばならぬ。ところが日曜日に開いている店は一軒もない。自動車修理工場の主人に困り顔で事情を話す。「うちのタイヤは食えんしのう、田舎の町なんで申しわけないねぇ。この先の温泉ホテルの食堂なら日曜日もやってると思うがのぉ……」。自分の責任のようにすまなそうな顔で教えてくれた。

食い溜めをしておこうと、ホテルの方に歩きだす。「オーイちょっと待ってみぃー」うしろから声がして、先ほどの主人が追いかけてきた。「こんなもんでも少しは足しにしてや」。持ってきたドーナツ袋を差し出した。

温泉につかり、右足をよくもむと痛みがすっかりとれた。二食分たべてから匹見川の河原の砂地にテントを張る。今夜の寝心地はよさそうだ。喜んでいると雨になった。あわてて近くの橋げたへ避難、そこはテントの幅だけ。寝返りを打ったりしたら、テントごと川底へ転落しかねない。心配しながら寝るのもつらい。

ツガニ

橋げたから落ちずに朝を迎えた。雨は八時ごろあがり引き続き匹見川を見ながら行く。奇岩が多くて目がそらせない。車は少なくときどき小集落が現れるだけ。昼ごろ匹見川と分かれ日原《にちはら》町への峠道に入る。

門松峠で須川谷へ下り、再び桐長峠への登りになる。峠近くの電線に百羽近くのカラスが止まっていた。付近の木にもたくさんいる。全部で二百羽にはなるだろう。一度に襲われたらたまらない。『鳥』という映画を思い出した。大きく柏手《かしわで》を二、三度打つと、バサバサ羽音を残して一斉に飛び去った。

日原《にちはら》市街地で待望の食料を手に入れる。へこんだ腹につめてから津和野川沿いに進み、川沿いの草地にテントを張る。夕方、川に入って網をしかけている人がいた。魚をとるのかと思ったら意外にもカニだと言う。夜行性で夜に出てくるらしい。「今夜はここで寝るんかい。朝晩冷えるんでまあ、風邪でもひかんようにな」。言い残して立ち去った。

早朝、網を上げにきた。「今朝はたくさん捕れたかい」。土手を散歩中の人たちが声をかける。何十年も捕っているので顔馴染みのようだ。大きな籠の中をのぞくと、十五センチから、三十セ

津和野全景

ンチぐらいの大ガニが三十四ほど入っていた。小さなサワガニを連想していたので驚いて名前を聞く。「ツガニって言うんだよ。海のカニよりずっと旨えぞ。でも近ごろは水も汚れて昔ほど捕れねぇんだ」。

津和野町

津和野町に入ると、正面に美しい稜線を描いた青野山が迫ってきた。白山火山帯の終尾をかざる、九百メートル余りのトロイデ式休火山だ。トンネルをぬけると眼下に市街地が広がっていた。

城下町津和野は、元寇《げんこう》で武勲をたてた吉見頼行が永仁三（一二九五）年に築城。その後は坂崎出羽守の居城をへて、幕末まで亀井藩主十一代に引き継がれた。島根西南の文化の中心地「山陰の小京都」として栄えてきた。

駅で休息後、津和野見学に出る。殿町通りは観光客で賑やか。用水路の大きな鯉を見ながら散策する。役場や公民館も昔の造り、江戸時代の武家屋敷の門が保存されていた。弥栄神社までくると急に人が少なくなった。千本鳥居のトンネルをくぐり稲成神社へのぼる。鳥居の数だけ見ても、西日本各地に広い信仰圏のあることがわかる。

日本哲学界の先駆者、西周《にしあまね》の旧宅はほどよい大きさの民家だった。津和野藩を脱藩しオランダに留学。帰国後は明六社の一員として西欧文明の啓蒙《けいもう》につとめた。旧宅の縁側に一人腰をかけて休息。対岸にある森鷗外の旧宅は十数年前、旧宅の三分の一を使って建て替えられていた。屋根も瓦ぶきになり旧宅の面影が薄い。

津和野をあとに、旧道から山口県境の野坂峠にのぼる。樹林の中の気持ちよい峠越えであった。再び国道に出て、阿東《あとう》町郊外の阿武川近くの河畔で幕営。土手に腰を下ろし夕暮れの空をながめる。鳥が次々寝ぐらへ急ぐ。ふと川面を見ると、蛇がすべるように対岸からこちらへ渡ってきた。

山口市

午前中は静かな旧道を歩き、午後から国道に沿って山口市へ向かう。山口線をＳＬが走ってきた。行楽シーズンや乗客希望の多い時だけ運行するそうだ。天気が崩れそうなので、市街地に入る手前の山林を今夜の宿地とした。

歩き始めると小雨になり、空一面の雨雲を仰いで気が沈む。山口市内の見学はあきらめ山口駅でゆっくり休む。それでも一つは見ようと、ザビエル記念聖堂を訪ねた。ザビエルは天文十八

（一五四九）年鹿児島に上陸。翌年、京都へ向かう折り山口に立ち寄る。京都からの帰路、五ケ月ほど山口に滞在して布教活動をした。たくさんの資料の展示に驚く。礼拝堂に上がってから、休息室でひさしぶり新聞を読んだ。

小郡《おごおり》から山陽道に出ると「下関」の標識が現れてきた。今回の残り少なくなった旅を知る。予報通り雨は激しさを増してきた。橋げたによい避難場所があったので、早めに今日の日程を終りにした。翌朝、雨はあがって青空がのぞいていた。予報がはずれたことに感謝しつつ下関をめざす。談合峠を越えると瀬戸内海の海が見えてきた。小月《おづき》の長いバイパス沿いの歩道を行く。本州縦断の最後の夜は、海辺に近い果樹畑のふかふかした草地だった。

六　九州巡り

長崎街道

平成十四年四月二十二日、夜行バスで八時に下関に着く。関門トンネル内ではウォーキングの人達が多い。以前は見られなかった光景だ。九州側へ出ると「門司関址」の碑が建つ。大化二(六四六)年、門司と太宰府《だざいふ》を結ぶ九州第一の駅がここに設置された。小倉から国道の長崎街道に入り、黒埼の小高い丘の公園で人目につかぬテント場を見つけた。

今日からしばらく長崎街道を南西に進む。鎖国時代の長崎は、唯一の開港地として西欧文明の窓口だった。慶長十七（一六一二）年、街道は冷水峠《ひやみず》が開かれたことにより、小倉から長崎まで五十七里（二二八キロ）二五宿が成立した。公人、商人、文人など多くの人達が、小倉から佐賀をへて長崎へ至る街道を往来した。

直方市《のうがたし》で遠賀川《おんががわ》を渡り小竹町に向かう。「飯野〇〇店」の看板がよく目につく。何故か他人とは思えない。小竹町役場側の観音堂には、前だれをかけた五十体ほどの石仏が境内をとりまく。巨木にからまる大藤は、今を満開に紫の房を樹木いっぱいに垂らしていた。小竹の街中には木屋瀬《きやのせ》宿と飯塚宿を結ぶ、道幅三メートル半ほどの狭い旧道が残る。天候はかんばしくなく、飯塚市街地を出はずれた橋下に宿を求めた。

冷水峠

冷水峠の石畳（首無し地蔵前）

穂波町天道《てんとう》の古い蔵造りの町並みを行く。筑穂《ちくほ》町へ入ると「長尾の一里塚」があった。すでに付近の田には青々とした早苗が植えられていた。内野宿は四メートルほどの道幅の街道に、宿場の面影をとどめている。薩摩屋（中茶屋）、長崎屋（下茶屋）などの脇本陣跡が残る。

宿場のはずれ、老松神社から冷水峠へ向かう。旧道の入口には大根地神社の鳥居が立つ。最後の民家で峠への道筋を聞いた。あまり詳しく教えてもらい、かえってわからなくなった。苔むす石畳の旧道を進むと分岐。左の旧道に入るとこぶのある古木の傍らに、「首なし地蔵」が祀られていた。盗賊に襲われた旅人を、身代わりに首を落とされて地蔵が救ったという。

清流で喉を潤してから、再び石畳を踏みしめて峠をめざす。五百メートルほどであっけなく峠の頂きに着いた。昔は「九州の箱根」と言われ、天険冷水峠の二里二十丁は長崎街道随一の難所であった。峠には大根地神社の鳥居のほか、「従是西御笠郡」「従是東穂波郡」の郡標が建てられている。峠の下りは「九州自然歩道」になっていた。冷水峠越えは歴史の道百選になっているが、

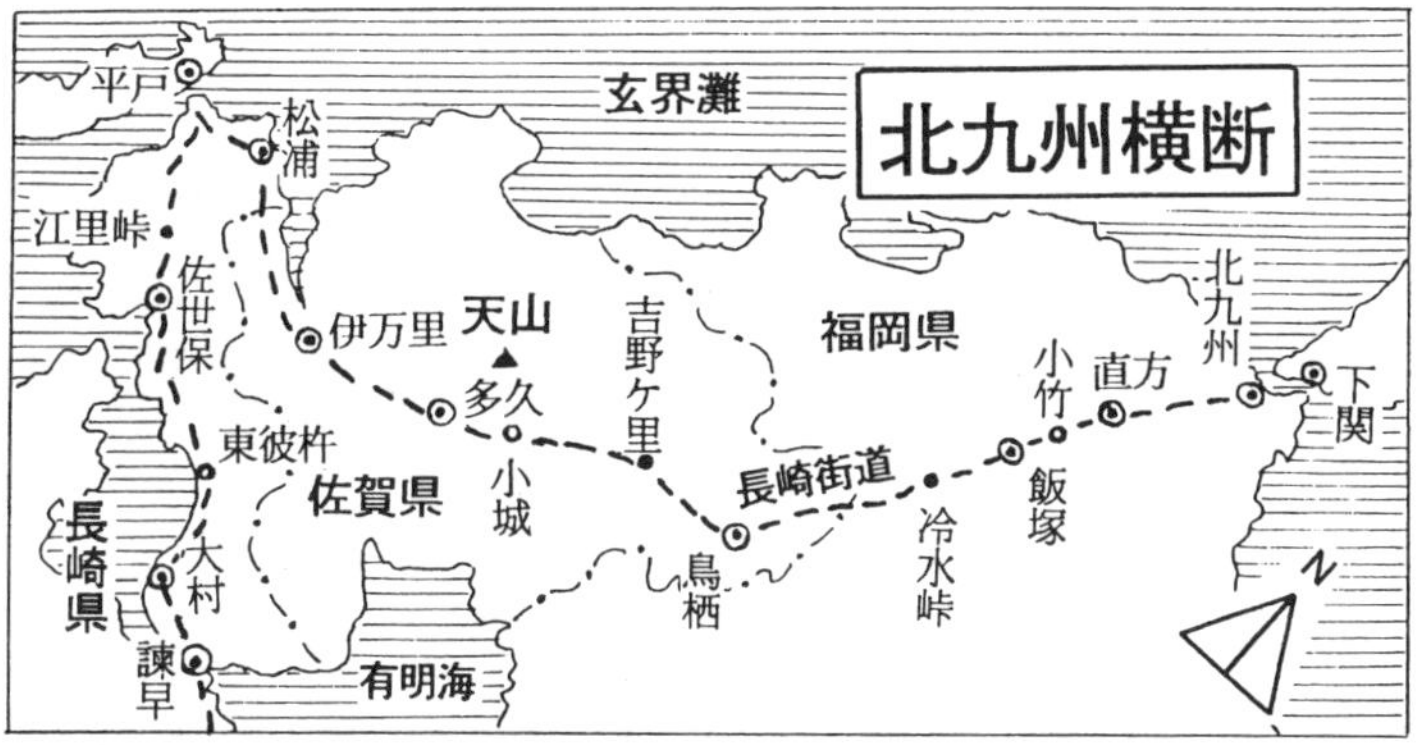

道標など何もないのがかえって魅力だ。

再び国道二百号に合うと、山家《やまえ》宿まで長い下りが待っていた。国道三号沿いには国境石があった。文化四（一八〇七）年、境界の松が枯れたので「従是東筑前国」「従是西肥前国対州領」の境界石が建てられた。

吉野ケ里

鳥栖《とす》市、中原《なかばる》町と過ぎ、東背振村の「吉野ケ里」遺跡へ向かう。登校の小学生の行列に会う。次々に挨拶をされ山道で出会ったようだ。どこの地域でも中学生になるとまれになり、高校生では他人に挨拶はしなくなる。

麦畑の穂波が続き、右手に復元された遺跡の建物が見えてきた。遺跡は田手川の右岸の段丘上にあり、一帯が広い歴史公園になっている。国内最大級の環壕集落跡で、平成元年に遺跡の全貌が明らかになった。六百年間続いた弥生時代すべての時期の遺跡、遺物が発見されている。時代の社会変化が、一ケ所の遺跡で分かるという学術的価値が高い。メモをとりながら巡回する小学生と一緒に遺跡を見学した。

吉野ケ里をあとに、神埼《かんざき》町の市街地へ入る。庁舎には物見台が復元されていた。「相撲茶屋佐賀の里」の看板を見つける。佐賀の里は後の幕内力士宮柱である。引退後は浜風親方になり、現在は福岡市内に住んでいるらしい。まだ開店前だったので、当人の経営かどうかは確認できなかった。昭和三十二年夏場所千秋楽。ファンだった高校生のころ当時の十両佐賀の里関に、満員札止めの国技館へ無料で入れてもらったことがある。

神埼宿から長崎街道と分かれ小城町へ向かう。途中の嘉瀬川にかかる名護屋橋は、秀吉が名護屋城への途次《とじ》、氾濫で渡れなかった時、鍋島直茂が舟橋をつくって一行を渡したことに因む。右前方に、どっしりとした天山《てんざん》が見えてきた。小城町へ入るとさらに風格ある姿で迫る。かつての天山登山が思い出される。小城は羊羹《ようかん》が名高く、増田本店の藁葺き屋根に歴史を感じる。今夜は適当なテント場がなく、国道と鉄道に挟まれた杉林の中。少しうるさいが我慢しよう。

伊万里市

今朝は冷え込み息が白い。山間では霜注意報が出ていた。雲もなく、朝日に天山の頂が明るい緑に輝く。西多久《たく》で国指定くど造り民家を見てから、八幡岳南裾の女山峠へ向かう。「おはようございます、お気をつけて」。干し物中の娘さんの笑顔に励まされ元気百倍。自然と足早になりすぐに峠へ着いた。

川古へ下ると全国巨木第三位の大楠があった。幹周二十一メートル、根廻三十三メートル、樹高二十五メートル。幹の太さに圧倒。巨木の周囲は小川の流れる小公園で、毎年四月二十九日には大楠スケッチ大会が開かれている。因みに巨木の一位は鹿児島県蒲生の楠、二位が静岡県阿豆佐和気神社の楠である。

陶器で有名な伊万里市に着く。生地《きじ》が白く透明な有田焼は、酒井田柿右衛門が着色に成功して発展した。藩では製法の秘密を守るため、十二キロ離れた伊万里で取引きさせた。そのため「伊万里焼」の名で知られるようになった。

駅前の街路にある陶磁器の人形を撫ぜてから、平戸口に通じる国道をとる。郊外の青幡神社の楠は、根廻二十八メートル、樹齢八百年。根元は八畳ほどの広い空洞になっていた。二つの巨木にあえて満足の一日であった。

久原《くばら》駅前の案内板には中国、朝鮮の文字も書かれ、大陸が近いことを知る。今福《いまぶく》港で朝食をとりながら海をながめていると、底引き網で捕った魚を積んだ漁船が入港。料亭などの人達がクロダイ、フグ、タコ、アナゴなど生きたまま買っていった。

平戸への道

松浦《まつうら》市街地が近づくと、松浦《まつら》党の大兜が海に向いて置かれていた。松浦氏は今福に梶谷《かじや》城を築き、源平舟合戦や元寇などで活躍。交易による大陸文化を取り入れて繁栄した。アジの水揚げ日

オランダ商館跡

本一という魚市場を過ぎる。市街地をぬけると、海に張り出すように、東洋一の巨大な火力発電所があった。

早朝、「日本最西端の駅」の標識が立つ平戸口駅前に着く。日本一周は北海道の宗谷岬と納沙布岬、九州の平戸島と佐多岬を回らねば一周したことにならぬともいう。いずれも本土の東西南北の端である。

かつて船で渡った平戸島も今は大吊橋で渡れる。案内板を見ていたらふいに後ろから「平戸へ観光にいらっしゃったの」。婦人に声をかけられた。すぐ先の休憩場の土産屋の人だった。案内図をいただき平戸市内見物にでかける。平戸島は二度目だが、三十五年の歳月はどれも新鮮に写してくれる。

石垣で囲まれた石段で平戸城にのぼる。復元された城内には、松浦氏関係の膨大な資料が展示されていた。天守閣から展望を楽しみ、オランダ商館跡へ行ってみる。幕府とオランダとの間で交易が開始された所である。今はわずかに石垣や赤レンガが残るのみ。オランダ坂を上がり、ザビエル教会をまわって島をあとにした。

平戸から、「オランダ街道」と命名された国道をとる。江迎《えむかえ》町からは古い平戸街道を行く。江里峠を越えて佐々《さざ》町へ下る途中には、一里塚跡や茶室跡などがあった。相浦橋《あいのうらばし》のたもとでのどかな風景を見ながら休息。川をまたいでたくさんの鯉のぼりが泳ぐ。川の中では白サギが魚をついばみ、岸辺ではアヒルと幼児が遊ぶ。

小さな日野峠を越えると佐世保港が見えた。市街地は大きく、背後の斜面にも住宅が建て込んでいる。市内をぬけた早岐《はいき》には、平戸街道の石畳の一部が残っていた。西洋のお伽の城のような、ハウステンボスの豪華な建物を右にして行く。オランダ語で「森の家」を意味する。東京ディズニーランドの二倍の敷地面積があり、六十パーセントが緑地。オランダの宮殿と街並みを再現した、「環境未来都市」のモデルで大型リゾート施設だ。

島原半島

早朝の静かな大村湾を右手にしながら、平戸街道と長崎街道との分岐点の東彼杵《そのぎ》町へ着く。九州郵便の置かれた宿場町だった。再び、長崎街道の旧道を拾いながら大村に向かう。市街地へ入ると左に市の総鎮守の昊天宮《こうてんぐう》、境内は社叢《しゃそう》の巨木が茂る神域だった。

大村氏菩提《ぼだい》寺の本経寺に寄る。本堂前の大ソテツも見事だが、墓地の「大村家墓碑群」には目を見張った。領主たちの巨大な墓碑のうち、最大は七メートルにも及ぶ。本陣通りは商店の並ぶアーケードで、歩行者用の縁台が置かれていた。今夜は雨の予報、諫早《いさはや》の市街地をぬけた橋の下

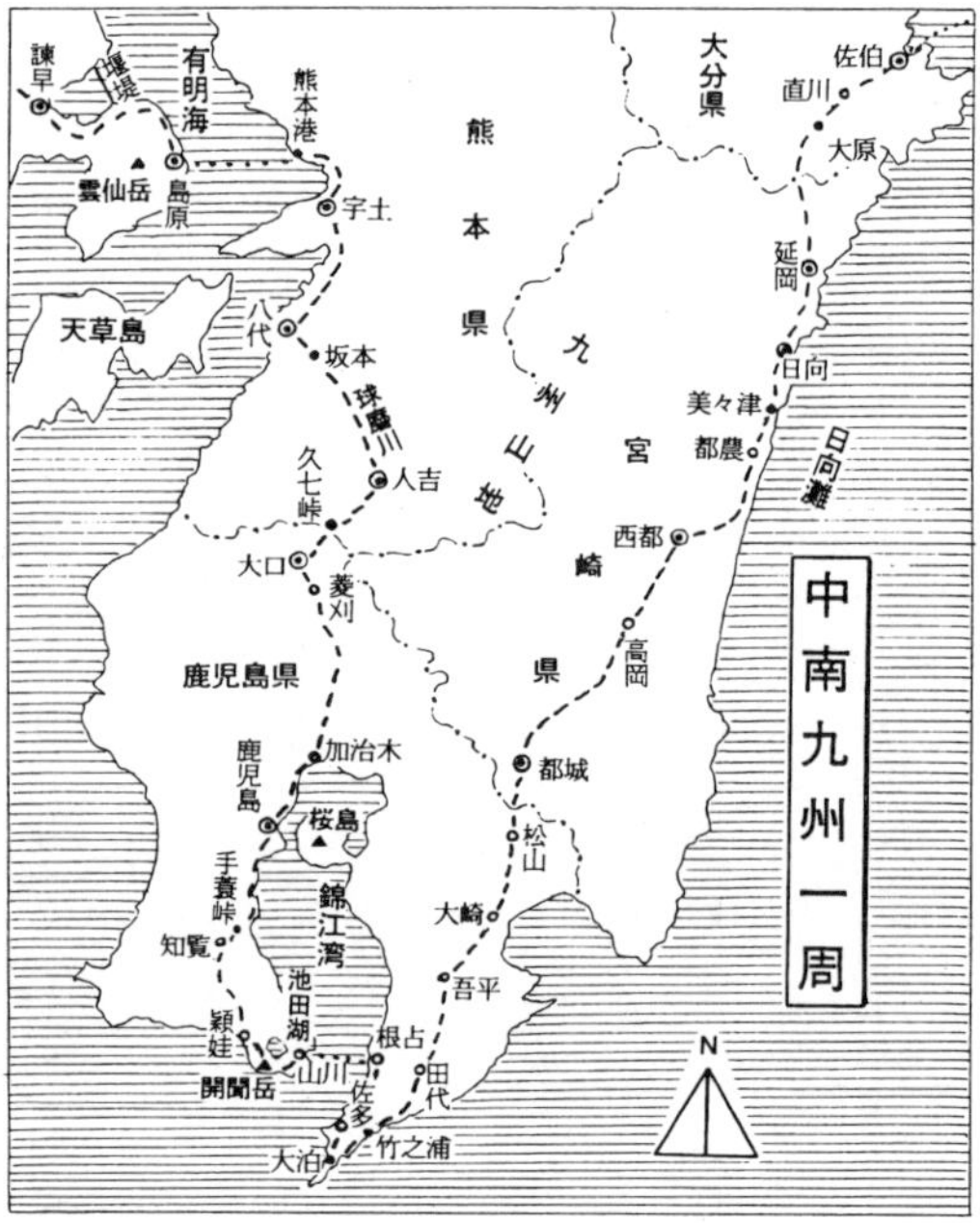

で一夜を明かした。

朝から雨。愛野町の柳の植えられた水路沿いを歩く。雨にぬれた柳は風情がある。島原半島に入ったが、ガスで雲仙岳は姿を隠していた。問題の諫早《いさはや》湾の堤防を見に行く。最近水門が開かれたばかりで、締切りによる湾の生態系への影響などを調査中とか。石積みの長い堰堤が対岸へ伸びている。海水は濁っており、無数の貝殻が打ち上げられていた。長浜海水浴場は火山岩の小さな玉石が海岸にびっしり、有明町の浜沿いには静かな旧道が残っていた。

堤防の側にテント場を定め、アサリ採りをながめて過ごす。ウォーキング中の三人連れの婦人に、旅行中の話をしてからテントに入った。翌朝、雲仙岳の全貌が見えていた。さっそく散歩にきた老人に話を聞く。「噴火のときゃ、この辺りまで大量の灰が降ってきてねえ。麓じゃそりゃあ怖かったよ」。山頂に岩峰のある普賢岳のドームからは、まだ白い煙りが立ちのぼっていた。

島原市街に近づくと、だんだん普賢岳の火砕流の跡がよく見えてきた。えぐられた爪痕のすぐそばまで民家が密集しているのがわかる。熊本港行のフェリー乗り場は、島原城の建つ市街地のはずれにあった。

球磨川舟下り

人吉街道

島原湾を横断し熊本港に上陸後、大橋を渡り国道を宇土市へ向かう。途中から雨になり松橋《まつはし》町の橋下に宿を求めた。白い糞がいっぱい。橋の天井を見上げると、先住のハトたちの寝ぐらだった。

八代《やつしろ》市街地へ入る。八代亜紀ファンとしては一度は訪れたい街だった。新萩原橋で球磨川《くまがわ》の河口を渡る。ここから球磨川に沿う「人吉街道《ひとよし》」を行く。坂本で早くも急流が現れた。鶴の湯温泉は三階建ての大旅館が一軒、切り立つ断崖下にあった。今は営業していないようだ。夕立が来たので今日も橋下へ避難した。

瀬戸石ダムから国道対岸の旧道を歩く。イモリが何匹もまれに通る車にひかれていた。民家は肥薩線に今にも落ちそうな急斜面にあり、鉄道を横切らないと道に出られない。「あぶない・通行危険」の標識が立つだけで、横断は黙認されている。自動販売機がなく喉がかわく。ようやく吉尾駅で見つけたが、クモの巣がかかりガラスが割れている。故障していないか十円入れて確かめた。

球磨川を前に山を背にした告小学校は、「へき地教育研究指定校」になっていた。大亀が道に這い出すほどで、自然環境だけは抜群だ。すぐ上流は舟下りの終着所。百三十メートルの吊橋が架かり、対岸には森林館と球磨洞がある。断崖は川面に張り出し「槍倒しの瀬」になっている。相良《さがら》藩の殿様が舟で参勤交代に向かうとき、槍を倒さねば岩につかえて通れなかった難所だ。清正公岩トンネル、姑《しゅうと》落としの岩壁など険阻な道が続く。激流の舟下りを見ながら人吉市へと向かった。

久七峠

人吉市街地から大口市へは、県境の国見山地の久七峠を越えねばならない。胸川沿いの峠道へ入る。途中の木地屋には山頭火の句碑が立つ。「ほろほろ酔うて、木の葉ふる空山」。大塚の沿道には、郷土玩具「きじ馬」の大模型が置かれている。平家の落人が作りはじめたともいう。峠路は「きじ馬街道」の名で呼ばれるようになった。

峠の尾根が近づくと田野の集落になる。名のように周囲は広い田園で、平地では田植えが終っているのに田がきの真っ最中だった。まもなく峠の頂に着く。熊本、鹿児島の県境は峠から六百メートルも熊本側にあった。昔大口にいた知恵者の久七爺さんが、少しづつ境界石を移動させたからという。相良藩より薩摩藩の勢力が強かったのだろう。

新緑の薫風を背に受けながら峠を下る。三千九百四十五メートル、峠を貫く長大なトンネル工事が進められている。車の通行量は少なく、大投資に疑問を感じつつ平地へ出ると広いタバコ畑が現れた。「花は霧島タバコは国分《こくぶ》……」おはら節を思いだす。大口市から菱刈《ひしかり》町へ入り、川内《せんだい》川の橋下に最適なテント場を見つけた。

「クモ合戦」で知られる加治木町に近づくと、待望の鹿児島湾が見えた。ようやく南の果てに来た快感にひたる。ところが食堂の新聞で見た週間天気予報は、すべて曇と傘マークで気落ちした。今夜の空も怪しいので別府川の橋下へ行くと、男女高校生があいびきの真っ最中。お互いびっくりするやら、気まずいやら。

鹿児島市

山頂に雲をつけた桜島を見ながら、姶良《あいら》町の旧国道をとる。海岸は溶岩の岩や石がごろごろ。円形の鹿児島湾は大噴火で陥没した姶良カルデラ、桜島は中央火口丘なのだ。降灰は東日本にまで及んだ。火山灰、火山砂などの噴出物が積もったシラス台地は、鹿児島県の五十パーセントを占める。水を含むと崩れやすく豪雨のたびに県の各地で、「シラス災害」と呼ぶ崖崩れが発生する。

大崎ケ鼻に着くと、桜島は大きく近づき鹿児島の市街地も見えた。イルカの親子がジャンプしながら岬の鼻を通り過ぎた。薩摩藩主別邸の磯庭園、琉球人松などを見て市街地へ入る。祇園之洲公園には砲台跡、西南役慰霊塔、移築された高麗橋などがあった。鶴丸城址の石垣沿いに進む。軍服姿の西郷隆盛の銅像を過ぎると、左に「貴様と俺」の霊碑が建てられていた。元鹿児島海軍航空隊の跡地である。昭和十八年開校。敗戦まで二万人の若者が訓練を受け、千三百人ほどが戦死した。

今日も天候が思わしくないので、産業道路沿いの谷山緑地公園の休息所を宿に決めた。ところが若い男女が夜になっても帰らず閉口した。緑地公園は、光山公園へと続く長い公園。翌朝は公園内を市民ウォーキングの人達と歩く。国道に出てから平川で知覧《ちらん》への県道に入った。

特攻基地跡

手蓑峠はテニス場のある広々とした小公園になっていた。案内板の前に立っていると、トラックから降りてきた運転手さんが「これから知覧に行くのかい」と言いながら、詳しく町の様子を説明してくれた。峠を下った知覧口には、麓川の清流へ張り出すように薩摩藩の外城の一つ亀甲城址があった。石橋の矢櫃橋《やひつ》を渡り旧道沿いの武家屋敷を通る。役場で町の案内図をもらい市街地を散策する。

特攻隊員に親しまれた富屋食堂は資料館として保存されていた。食堂の鳥浜トメさんが、隊員の母代わりになっていたのだ。戦後は多くの人達に体験を語り平和を訴え続けた。トメさんの願いが叶い、昭和三十年に「特攻平和観音堂」が建設された。晩年は杖を頼りに参拝の日々だったが、平成四年八十九才で亡くなられた。

三角兵舎（知覧町）

知覧飛行場跡へ行く路傍には、オオキンケイギクが黄色に咲き誇る。「特攻花」とも呼ばれるのは、開聞岳の上空にきた特攻機が、祖国と別れるときに隊員が投下したからという。知覧では昭和十七年から、学徒出陣の少年飛行兵たちが操縦訓練を重ねていた。戦況が緊迫した昭和二十年、本土最南端の特攻基地になった。

平和記念館には特攻隊の各種資料が展示されていた。庭園には「帰るなき機をあやつりて征きしはや、開聞岳よ母よさらばさらば」と刻まれた記念碑が建てられていた。縦穴に被せられた、屋根だけの三角兵舎に入ってみる。こんな薄暗く狭い半地下豪で、友と最後の語らいをして遺書をしたためたのだ。昭和二十年三月から三ヶ月ほど、知覧高女の女生徒は出撃まで、特攻隊員の身の回りの世話をした。「なでしこ隊」と呼ばれた彼女たちは、頼まれた遺書をこっそり投函した。翌日、三角兵舎の屋根にのぼり特攻機を見送った。

開聞岳

知覧から薩摩半島の南端へ向かう。頴娃《えい》町に入ると広い農地の彼方に開聞岳が見えてきた。正面に端整な開聞岳がぐんと近づき、遠く海上には硫黄島、竹島が浮かぶ。「密航、密輸の発見にご協力を」の見慣れぬ標識に、日本の果てに来たことを感じる。

一面樹木をまとった開聞岳は、海に張り出した裾を洗われていた。「青春の旅」で登山したが、再度登頂したくなった。開聞町役場からしばらく車道を歩いて登山口へ着く。付近に特攻花が多いのは、隊員が機上から花を落としたからだろうか。草スキー場の横を過ぎて登山道へ入る。蝉しぐれの樹林の中を行く。四合目になると蝉の声も止み静寂があたりを包む。七合目からしだいに展望が開けてきた。長崎鼻は眼下に、その背後には大隅半島が先端の佐多岬まで伸びている。

岩に腰を掛け展望を楽しんでから、灌木帯の中を山頂めざして急登する。岩の塁々とした九百二十四メートルの山頂からは、大きな池田湖と手前に小さな鰻池が見えていた。途中で追い越した、二人連れの登山者がようやく登ってきた。山口市から来たといい、七十歳ぐらいだろうか。「初めてこんな高い山へ登れた。記念の証拠写真を撮ってくれ」。開聞岳の標柱を入れて喜びいっぱいの笑顔を撮ってあげる。少し心配だったが二人を残して下山した。麓の枚聞《ひらきき》神社は薩摩一之宮だけに、立派な社殿と広い境内は森に覆われていた。航海、交通の守護神として信仰を集めている。

西大山駅から開聞岳

指宿線沿いの国道をとり、日本最南端駅の西大山駅へ向かう。国道脇に止まっていた、前方のトラックの窓から手が振られている。何と昨日、知覧で逢った運転手さんだった。私に気づき、もう一度声をかけたくて待っていたのだという。奇縁を感じ別れを惜しんだ。北緯三十一度十一分。ホームだけの西大山駅からは開聞岳の眺めがよい。雨雲が広がったので、長崎鼻への橋下にテント場を求めた。安心して寝ていると雨がボトボト落ちてきた。雨水を流す橋の穴の下だったのだ。真夜中に引っ越しをするはめになった。

佐多岬への道

朝になっても止まぬ激しい雷雨の中を山川港へ

向かう。全身ずぶぬれでフェリー乗場へたどり着く。大隅半島の根占《ねじめ》港に渡っても風雨は続き、何度も傘はおちょこに。「なんでこんなことしてるんだろう」。自問しながら佐多町へと歩く。

正午から小降りになり、しだいに対岸の薩摩半島がはっきり見えてきた。昨日登った開聞岳をながめながら、雨上がりの道端で一息入れる。佐多町までは海岸沿いの崖道で洞門が多い。佐多町役場から県道の山道になり、登り着いた尾根はトンネルだった。すこし下った小公園で幕営した。

小さな平家落人の島泊の漁村で、再び海と面会し大泊《おおどまり》に向かう。沿道にはフキが目立つ。北海道のフキに比べ葉の面積は十分の一ぐらい。山の畑へ向かう肥料を背負った老婆としばらく歩く。周囲は急斜面ばかり、畑らしきものは見あたらない。少ない耕地は集落の共有財産。畑は五年に一回、交換しあうそうだ。

大泊からは八キロ余り、佐多岬ロードパークの有料道路。八時から十八時まで利用できるが、自転車と徒歩は立入禁止。ちょうど岬行のバスの出るところだった。ここでバスに乗っては旅は台無しになる。南端の岬まではあきらめ、海岸沿いを北上することにした。竹之浦海岸は県立自然公園だけに岩礁の多いみごとな景観。岸壁で日向ぼっこをしていた老婆から、きれいな小さい貝殻をたくさんもらう。しばらく持って歩いたが、軽い物でも荷になるので「おばあさんごめんなさい」と言いながら海辺へ捨てた。

大隅半島

大隅《おおすみ》半島を縦断する県道で樹林帯の山中を行く。幅十メートルの立派な道路だが、まれに地元の農業用軽トラックが不思議そうに私を横目で見ながら通るだけ。歩く人など誰もいないのだ。大中尾の高原を通り、大竹野を過ぎて赤瀬川にかかる滝場でキャンプ。滝の水音は同じリズムなので安眠には支障がない。

田代町と根占町への重要な交差点にも信号機がない。車の量が極端に少ないのである。それでも大隅縦貫道路の建設計画がある。田代の市街地でようやく信号機に出会った。さみしい町並みはすぐに尽きて、再び人家のまばらな県道になる。笹原峠を過ぎて尾根を下ると苫野川に椅山滝がかかる。滝の下流にある岩滑の方が見事だ。池田旗山神社の大楠は樹齢八百年の古木。幹廻り十六メートル、樹高は三十メートル、十種類以上の植物が寄生していた。

池田の先は高原状の台地で、半島にもこんな広い土地があることに驚く。おもに葉タバコ栽培の畑に利用されている。吾平《あいら》町への下りになり、ひさしぶりに日射しが戻ってきた。苫野川の清流で洗濯と水浴、心身共にさっぱり。しだいに高い山はなくなり広い水田地帯に変わった。今夜は串良《くしら》川の土手下で幕営。

散歩の人は朝が早い。地元民に不審者あつかいされぬよう、薄暗いうちにテントをたたむ。大崎町から広々としたシラス台地の農道を行く。直線道路が台地の牧草地帯をつらぬく。北海道へきた錯覚にとらわれた。菱田川にかかる有明大橋は目もくらむような高さ。こわごわ下をのぞくと吸い込まれそうだった。

松山町の役場前に上品な食堂があった。昼食時間後で閉まっていたが、店先にいた婦人に声をかけてみた。「この辺にやってる食堂ないですかねぇ。ずっと歩いてきたんで腹ぺこなんですが……」、「それはお困りでしょうねぇ、特別にお店開けますからどうぞどうぞ」。心よく入れてくれた。娘さんと二人で経営しているようだ。惣菜類中心にバイキング形式になっている。大皿にふだん不足がちの野菜類などをたくさん盛ると、気品のある娘さんが台秤に乗せて目方を計った。計り売りだったのだ。ご飯も含めて三百五十一円。倍の値段でも安いくらいだ。「車にお気をつけて」。二人に見送られ宮崎県の都城市《みやこのじょうし》に向けて出発した。

宮崎北上

都城の市街地をぬけると広い耕地の彼方に、鋭峰を突き上げた高千穂の峰が薄もやの中に浮かんでいた。天の逆鉾《さかほこ》の立つ山頂を思い出しつつ高城《たかじょう》町へ入る。観音池公園を巡り再び国道に出る。午後から雨になりひたすら歩くだけになった。

大淀川に出合うと、去川《さるかわ》集落には関所跡や二見家墓石群があった。大淀川は小さく蛇行して流れる。いくつもの橋を渡り高岡町に着く。国道と分かれて県道をとり、西都原《さいとばる》古墳群の近くで一日を終えた。

都農《つの》町の旧道に入ると静寂な道が真っ直ぐに伸びる。市街地にも人影がない。「只今外出中」

の札が掛けてある商店が目につく。都農川の清流を渡ると、森に囲まれて都農神社が鎮座していた。大楠や巨大な御輿があり、池を配した広い境内は日向国一之宮にふさわしい。次の美々津《みみつ》の町並みは国指定を受けていた。それも一筋の町並みだけでなく、白壁に瓦葺きの集落全体が歴史を伝えている。

耳川の大橋を渡り金ケ浜海岸に出ると、大きなカニが鋏《はさみ》を立てて迎えてくれた。今夜はひさしぶり海辺の幕営で心は踊る。早々にテントを張り岩棚に腰を下ろし、岩礁に打ち寄せる波を日暮れまでながめた。

日向《ひゅうが》市駅で休息、駅前の広場では客待ちのタクシー運転手さん数人が清掃作業。これではごみを落とすわけにはいかない。延岡市は人口十二万を越える県第三の大都市。旭化成の街として知られ、市民の半数以上は会社と大小のつながりがあるという。街中に大エントツが立ち活気がある。賑やかな市中を通りぬけるのに二時間もかかってしまった。

佐伯市

延岡市から海岸部を離れ北川沿いの国道に入る。国道とはいえ、佐伯市とをつなぐ山間の道で交通量は極端に少ない。うしろから自転車の老人が追いついてきた。聞けば、九州を一周して福岡へ帰る途中とのこと。荷台には大荷物がくくられている。どうやら野宿もしているようだ。最近はバイク旅行の若者のほかに、自転車で旅をしている中高年を見かけるようになった。

大分県に入ったが「歩けど歩けど青い山」、北川の流れも青く清い。宗太郎越を過ぎると人家も消え車の通行も途絶えがち。ようやく大原で食堂に出会えた。九州を歩いてほぼ一周して来たことを女主人に話すと、「のどが乾いたら食べて、見かけは悪いがおいしいのよ」。店を出るとき大きな甘夏ミカンを手渡された。

直川村へのゆるい下りが続き、車はまれに通るだけ。鹿が白い尻をちらつかせながらあわてて森へ逃げ込む。九州最後の夜は久留須《くるす》川の岸辺になった。夜半の夕立でテントはぬれたが水の侵入にはいたらなかった。

佐伯《さいき》市内へ入る。佐伯城址の麓は日本の道百選の武家屋敷通り。毛利氏菩提寺の養賢寺まで、白壁の塀に囲まれた屋敷の道が続く。寺の茶会に向かう和服の婦人たちの、そそと歩く後ろ姿が風情を盛り立ててくれた。水路に沿う桜の遊歩道が菖蒲園《しょうぶえん》へと伸びる。街中へ入り佐伯駅前からフェリー乗場へ急ぐ。十五分後に四国の宿毛《すくも》行が出るところだった。

七　四国・紀伊半島横断

四万十川

一時間半の乗船で宿毛港に着き、国道を中村方面へ向かう。途中で県道に入って四万十《しまんと》川沿いに出る予定である。ところがその部分の地図を無くしてしまった。地図無しで歩く不安の何と大きなことか。交番へ入ったがパトロール中。壁に貼ってある地図から、ポイント部分を無断で書き写した。

有岡で国道と分かれ、散歩の老人に道を確かめて安心する。横瀬の水田地帯を通り山間をのぼ

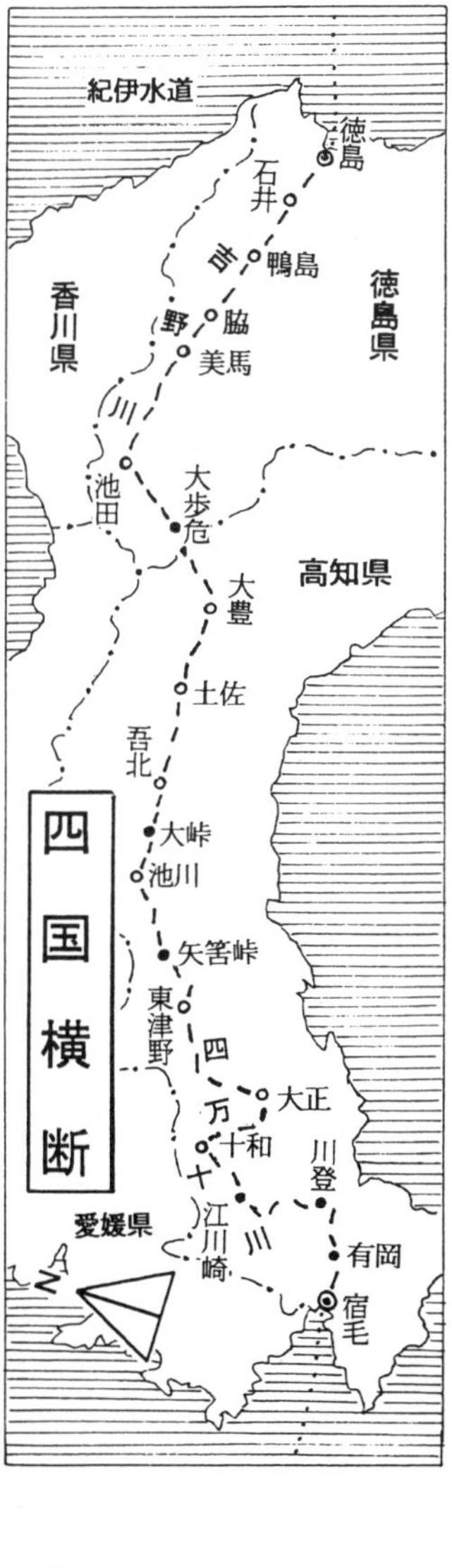

四万十川の沈下橋

る。トンネルをぬけて下ると悠久の四万十川が出迎えてくれた。川登大橋で対岸へ渡る。ここから四万十川の源流まで長い道のりが待っている。澄み切った青空、川もあくまで青い。河原の石は純白で周囲は緑の山々。見わたすかぎり鮮やかな総天然色だ。水際に近づき透けて見える川底をのぞいた。

川には随所にコンクリート製の欄干のない沈下橋が架かる。途中の道路工事では迂回路がなく、工事が一段落するまで五十分待たねばならない。徒歩のわたしだけ、特別に工事を中断して通してくれた。網代の津大橋で右岸へ渡り、四万十川を見下ろす江川崎《えがわさき》の崖上にテントを張った。

四万十川は蛇行が多い。断崖絶壁は少なく谷は比較的広くて浅い。水面に近い沈下橋もさほど下がらずに渡れる。「日本一の清流」の看板のわりには汚れている。「家地川ダムを撤去しよう」。「とりもどそう、美しい水と川を」などの標識が目立つ。それでも幻のアカメのほか、アユ、アメゴ、コイ、ウナギ、ツガニなど魚種は豊富だ。

川霧が濃く今日も天気は良いきざし。主婦が自転車で新聞を配る。こんな四国の山中でも早朝に新聞が届くことに、日本の輸送システムのすごさを感ずる。予想通り快晴になり清流で体を洗い洗濯をする。水音に誘われて雑魚《ざこ》がたくさん寄ってきた。川辺の岩には白い泥がついている。近年は水洗トイレが増え、浄化しきれない紙の粒子だともいう。生活が近代化になり、各種の汚水が流れ込むのである。加えて上流にある家地川ダム、津賀ダムのヘドロ混じりの流水の影響もあるらしい。

源流の森

十和《とおわ》村は「元祖鯉のぼりのふる里」である。あちこちに鯉のぼりのデザインが目に入る。期待していた「鯉のぼりの川渡し」はすでに撤去されていた。大正町で北から最大支流の梼原《ゆすはら》川が合流する。正確にはここまでを四万十川と呼んでいる。

明日は梼原川を溯り四万十源流の森をめざす。地図で見ると途中には大きな集落がなく、食料確保がむずかしそうだ。食料調達のため大正町の市街地へ。ちょうど外へ出て来た床屋の主人にたずねる。「食料品店や食堂はいくつかあるがねぇ。みんな小さい店なんであてにならんよ」。教えてもらったスーパーには売れ残りのパンだけだった。夕食は屋台のタコ焼きで間に合わせた。梼原川の河原に降りて幕営。夕刻になると川面の上を無数の虫が飛び交う。澄んだ声でカジカ蛙

ミツバチの巣箱

が鳴きはじめた。寝る前に外へ出てみると十数匹のホタルが飛んでいた。

鳥の混声合唱で目がさめる。川面では元気に魚が跳ねる。自然の霊気を吸い込んでから歩き出す。津賀ダムの堰堤は板敷きで怖かった。下津井で「番所跡」の碑を見ていると、薪割りをしていた老人が近寄ってきた。よそ者は珍しいのであろう。いろいろ地域の話をしてくれた。

「元は尾根の中腹からここに降りる古い道があったんだよ。昔の道の多くは川沿いよりも、危険の少ない高い所を通ってたんだ」。

道沿いには次々とミツバチの巣箱が置かれている。花の咲くころ女王バチが巣箱に入り、十月ごろに蜜をとるそうだ。しだいに森は深くなる。前方の巨大な尾根の斜面はうっそうとした広葉樹林。たっぷり水が含めそう。その奥はモミ、ツガ主体の天然林。一帯が四万十川源流の森になっている。夕方、東津野村で食事にありつけた。

石垣造りの棚田を見ながら行くと「吉村虎太郎誕生地」の標柱があった。説明板をメモしているところへ、近くの商店の主人が来て解説をはじめた。「ちっと待ちな」と言いながら、今度は家から巻物を持ってきた。虎太郎に関する、挿絵入りの巻物を広げながら再度詳しく説明してくれた。坂本龍馬、中岡慎太郎、武市瑞山らと共に「土佐勤王の四天王」の一人で、土佐脱藩第一号という。倒幕の先駆け天誅組《てんちゅうぐみ》総裁として奮戦。「吉野山風に乱るるもみじ葉は、我が打つ太刀の血煙と見よ」。吉野にて辞世を残し二十七歳で戦死した。

虎太郎宅跡を見てから、流れの細くなった四万十川を溯る。東津野村では、古木のそばに必ず標識板が立てられている。「この樹木は周囲の景観形成上重要で、長年の保存に協力いただいています。所有者○○様」。四万十川源流の村にふさわしく、自然保護に力を入れていることがわかる。

小流を渡ると分水嶺の矢筈《やはず》トンネル。四日間にわたる四万十川とも別れの時がきた。ここからは吉野川の谷へ出るまで、いくつもの四国山地の峠越えが待っている。

四国山地越え

トンネルをぬけると、明るい仁淀川水系の谷になる。西側は巨大な鳥形山で、採掘されている石灰岩の頂部がわずかに見えた。登山の記憶は薄れてしまったが、山頂から石鎚山《いしづちさん》方面の展望が良かったことは覚えている。

仁淀川の本流に出合う。午後五時前だったが、河原に良い砂地があり誘惑に負けてしまった。欧穴《おうけつ》のある岩に腰を据え、流れを見ながら憩いの時を過ごす。雑魚に混じって大きなイワナが泳ぐ。夕暮れになると深みから、コイが連れだって浅瀬に出てきた。飽きることはなかったが、月が川面を照らし始めたのでテントに入った。

仁淀川に沿って吾川《あがわ》村まで下り池川町への国道に入る。吾北《ごほく》村へ越す大峠には、二千九百二十八メートルの長い新トンネルが完成した。四十五分かけて通過する間、車が三台通っただけ。想像を絶するほどの資金を投入したのだろう。明るい照明の電気代の経費も多額だろうに。税が高い一因だろう。

吾北村の市街地をぬけ沢へ降りて幕営。一寝入りして目をさますとテントの中が明るい。小さな通風窓からのぞくと月が光々と輝いていた。しばらく月見をしていたら、一匹のホタルが窓から飛び込み、胸ポケットに入ってしまった。心臓の部分で灯が点滅している。つまみ出して放すとテント内を一周して、迷いもなくせまい窓から出た。何と勘の良いホタルだろう。

郷ノ峰トンネルめざして進む。途中に日本一のヤブツバキと自称する大樹があった。樹齢七百年、胸高直径百センチ。四方に張った枝ぶりがみごとだ。根元には山伏に姿を変えた、平家落武者を祀る小社が置かれていた。子供たちが登って落ちても社の加護で怪我をしないそうだ。

吉野川

トンネルをぬけると吉野川水系の谷になる。土佐町市街地の先で、早明浦《そめうら》ダムから流れ出た吉野川本流に出合う。全長百九十四キロ。四国四県の水を集める大河だ。「四国三郎」の名に恥じず水量多く川幅も広い。ここから徳島市まで吉野川沿いを歩むことになる。二時間余り下った山崎ダムの湖畔で幕営。

大豊《おおとよ》町の八坂神社境内には日本一の大杉があった。国道から石段をあがり、お化けのような二本の巨杉と対面する。南大杉、北大杉と呼ばれ、根元で合着しているので「夫婦杉」ともいう。南大杉は樹齢三千年、樹高六十メートル、根元周囲二十メートル。美空ひばりとも縁が深い。近くには「幼き日、大杉に誓いし夢、大輪の花となり、ひばりの唄は永遠に眠らじ」と刻まれた記念碑が建つ。昭和二十二年四月。当地を巡業中、交通事故に遭い一命をとりとめた。八坂神社へ母とお礼参りに訪れ、大杉へ日本一の歌手になる誓いをたてた。

大杉の見学後再び吉野川沿いを進み、テント場を見つけに大歩危《おおぼけ》の河原に降りる。岩場の砂地に絶好の場所があった。ところがホテルの窓から見ていた従業員がやってきた。「河原のキャンプは危険だから川から離れて上ってくれ。三年前には一気に十五メートルも増水したことがあるんだ」。しかたなく、猿返しの断崖下の道端にテントを張る。「落石があったらどうしよう」最高と思ったのが最低の夜になってしまった。

大歩危、小歩危沿いには歩道が付けられている。車では渓谷美をのぞいて見られない。皆ドライブで、歩いているのはわたしだけ。もったいない話である。「歩危《ほけ》」とは切り立った崖を意味している。ここで北に向きを変えた吉野川が、石槌山脈を切断して深い峡谷を作ったのだ。右岸の旧道を通って池田町へ着く。

脇町の町並み

撫養街道

高校野球で知られる池田高校は、市街地を見下ろす高台にあった。池田は三方を山に囲まれた盆地で、「山びこ打線」の名もうなづける。交通の要地で徳島、讃岐、伊予、土佐へと、東西南北に通じる十字街道上に位置している。昔は吉野川水運の河港としても栄え、「阿波刻み」のタバコでも知られていた。

池田からは国道をさけて、鳴門に通ずる吉野川左岸の「撫養《むや》街道」をとる。美馬《みま》町は名馬の産地だった。宇治川先陣争いをした佐々木四郎の池月は、吉野川で泳いでいたという。小公園には池月の母馬と称する墓があった。旧道をたどり樹齢七百年の大楠を見て脇《わき》町の市街地へ入る。歴史の道百選の町並みは国の指定を受けている。本通り四百メートルにわたり、「うだつ」と呼ぶ火よけ壁を持つ古い家々が軒を並べる。オデオン座は回り舞台や花道のある劇場で、映画『虹をつかむ男』の舞台になった。

阿波町へ入ったところで撫養街道と分かれ、吉野川を渡り伊予街道の旧道を行く。今日は暑い

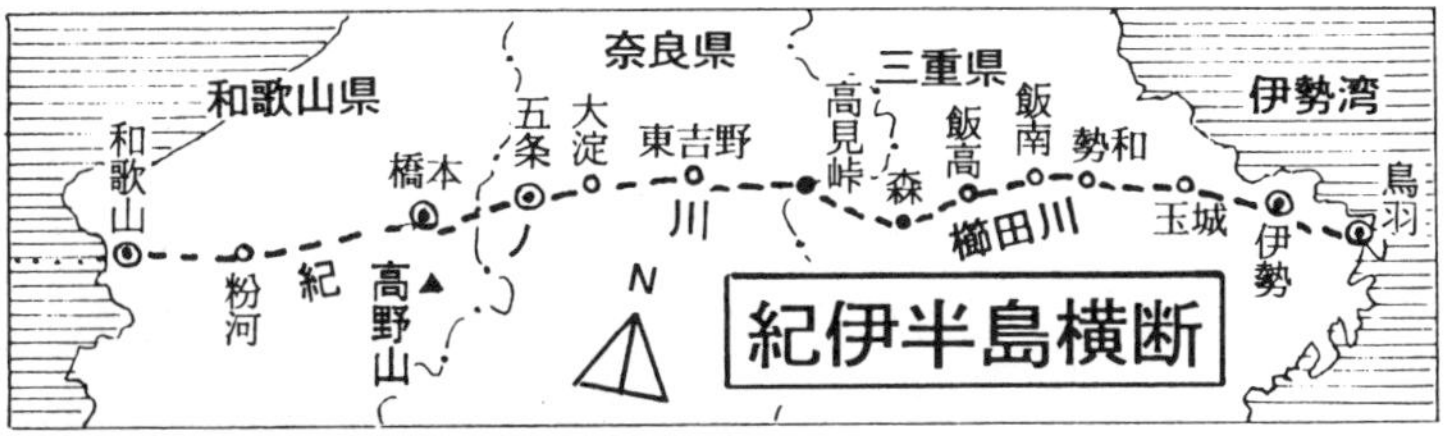

夏日。門口でわたしが来るのを見ていた婦人が「ちょっと待ってて」と言いながら、「口に入れてれば涼しいよ」。凍ったイチゴを山盛り持って出てきた。四国最後の夜は鴨島《かもじま》町のはずれ、霊園予定地の荒野だった。

石井町の旧市街地をぬけて徳島市へ入る。上鮎食《かみあくい》橋を渡ると市街地で、東光寺には東州斎写楽の墓があった。写楽は阿波藩の能役者だったらしい。写楽論争の発祥地である。市街地をぬけて三十八日間の九州、四国の旅を終え、和歌山行フェリー乗場へと向かった。

紀ノ川

梅雨が明けた七月二十二日。和歌山駅前から紀伊半島横断に出る。紀ノ川沿いの大和街道を進む。三メートルの狭い道幅、格子戸の家並みに古道の面影を残す。和歌山大和をつなぐ街道は「古南街道」と呼ばれ、歴代の天皇たちの御幸路だった。江戸時代は参勤交代の道としても利用された。

船戸渡し場跡には、文政五（一八二二）年の常夜灯が建っていた。桃山町の土手沿いは町名のごとく桃畑が続く。竜門橋で右岸へ渡り、粉河《こかわ》町の市街地で食料を確保。かつらぎ町へ入った大門橋近くの広い河原で幕営。

橋本市には旧大和街道が残っていた。橋本駅で休息後再び旧道に入ると、

ニホンオオカミ像

すぐに万葉歌碑の建つ妻の社。木陰で涼風に当たると歩きたくなくなる。五条市街地をぬけ宇野峠を越えて大淀町へ入った。紀ノ川は吉野川と名を変える。六田の柳の渡し跡に着き、柳の根方の大常夜灯を日除けにして休む。ここは大峰山参拝の修験者たちの聖地。当山派は対岸に渡り、身を清めてから吉野山へ入り大峰山へと修行に向かった。逆コースの本山派はここで修行を終えた。

　吉野町上市の長い旧道をたどり国道へ出る。朝から強烈な暑さ。宮滝を過ぎ矢治の河原に降り、清流で水浴して体を冷やす。一時間ほどは涼しく歩けた。東吉野村の路傍には精悍《せいかん》なオオカミ像が建てられていた。明治三十八年。米人アンダーソンが鷲家口の宿屋芳月楼で、地元の猟師から若雄オオカミを八円五十銭で購入した。最後の「ニホンオオカミ」として大英博物館が所蔵している。

　当村は幕末の天誅組《てんちゅうぐみ》終焉《しゅうえん》の地である。この地で指導者の吉村寅太郎が戦死している。墓は暗い崖下にあった。鷲家には文政十一（一八二八）年の伊勢街道の道標が建つ。街道を進むと前方に、三角の鋭い峰の高見山が見えてきた。

櫛田川

台風九号の影響で雨は本降りになった。高見トンネルをぬけ、激しい豪雨の中を櫛田川沿いに下る。紀ノ川と櫛田川を結ぶと一直線になるのは、中央構造線の断層を流れているからだ。

雨宿りを兼ね飯高町森の食堂に入る。主人の青山金一さんは数日前に車から、私の歩いている姿を見たと言い、親しく話しかけてきた。六十過ぎから、足しげく山へ登るようになったそうだ。『飯高の山』の詳しいパンフレットで、地元山岳の説明を始めた。「これからの夢は旧東海道を歩くことなんだ」と言いながら、東海道案内書も出してきた。

主人の話を聞きながら食堂で休んでいると小降りになった。雨は止んだが雨雲は残り、橋下に避難して今夜の宿とした。翌日も引き続き櫛田川沿いを行く。岩畳や滑の渓流が目を楽しませる。飯南町から勢和《せいわ》村へ入ると車の数が激減し、山間の快適な車道になった。伊勢路を示す道標の台石に腰をかけて休む。青田から吹く涼風で汗が引く。櫛田川から離れると平地になり、適当な幕営地が見つからず、玉城町の車道脇になってしまった。宮川を渡り伊勢市街地へ入る。二見浦は観光客で賑わっていた。六日間の紀伊半島横断を終え鳥羽へ着くと、午後の伊良湖岬行フェリーが出るところだった。

八　東海の海岸

渥美半島

一時間ほどで渥美半島西端の伊良湖岬に着く。島崎藤村の『椰子の実』の歌詞を生んだ岬で、男女が叶わぬ恋のため貝になった伝説地だ。千六百キロ離れた石垣島を遠き島に見立て、昭和六十三年から椰子の実を海に投流。十四回目の平成十三年八月三日、「波にのせ想いは遥か恋路ケ浜」と刻んだプレートを付けた一個が流れついた。現在までに千三百七十八個中、六十二個が日本の海岸へ漂着している。

白亜の灯台の海岸で遊び、渥美豊橋自転車道路を行く。常に波の音を真近に聞く海岸線に沿う快適な直線道路だ。「片浜十三里」の名があり、砂浜はアオウミガメの産卵地である。太平洋の荒波が打ち寄せるため海水浴場にはなっていない。砂浜がつきて岩礁地帯になったところで、わずかな砂地にテント場を求めた。荒波砕け散る巨大な岩礁にのぼり、夕日で赤く染まる雲と海が闇に包まれるまでとどまった。

一色の国道へ出ると園芸栽培ハウスが目立つ。「花のまち」赤羽根から葉タバコ栽培の広がる平地へと移る。まもなく「表浜街道」の国道へ出て潮見坂を下る。ここから白須賀宿の旧東海道に入り、浜名旧街道の松を日陰にしつつ新居宿へ向かう。関所跡や本陣跡を見てから浜名湖を渡る。舞坂には東海道の立派な松並木が残っていた。浜松の馬込川岸辺にはカニが千匹ほども這い出していた。天竜川の長い掛塚橋を渡り、護岸に幕営。日中の太陽の熱が。コンクリートからじかに寝ている背中へ伝わってきた。

御前崎付近

城下町だった大須賀には旧道沿いに町番所が残る。浜岡町へ入り、遠州灘へ出ると千里浜の砂丘が続いていた。天竜川から流出した土砂が遠州の空っ風に運ばれ、日本有数の砂丘地帯が生まれたのだ。延々と続く砂丘には、太平洋の荒波が波頭を立てて打ち寄せていた。涼しい潮風を受けながら日暮れまで雄大な自然を堪能した。

朝の砂浜は活動が早い。テントから這い出すと二十艘《そう》余りの漁船が沖合を疾走中。数名のサー

フィンは波の上、乗馬の二人は渚を散歩していた。浜岡砂丘に寄ってから御前崎へ行く。灯台は海に突き出た三十メートルの台地に立っていた。岬の先端付近は沖合六、七キロまで岩礁地帯。昔から船乗りが恐れた難所として知られている。江戸時代初期、行灯《あんどん》型の「見尾火灯明堂《みおびとうみょうどう》」を建てたが、ほとんど役に立たなかったらしい。沖には座礁船の一部も見える。灯台の近くには、木造の灯明堂が保存されていた。

右に御前崎港を見つつヤシの木街道を行く。地頭方で国道に入り、田沼意次《おきつぐ》の城下町だった相良《さがら》町へ。義兄の出身地なので一度は訪れてみたかった街だ。「田沼様には及びもないが……」。壮大な城は意次の没落で取りつぶされた。跡地には役場や学校が建っていた。静かな旧道から市街地の本通りに出る。相良橋からは護岸の遊歩道、続いて自転車道を進み片山海岸の広い砂浜に幕営した。

大井川を渡り、多数の漁船が停泊中の遠洋漁業の基地焼津港へまわる。焼津からは八百万年前、海底火山の溶岩が形成した大絶壁の大崩海岸を通過する。北陸の「親知らず」に似る断崖の道で、ようやく用宗《もちむね》へ下りほっとする。南安倍川橋を渡り、河口の砂浜に今夜のテントを張った。玉石の渚に波が静かに打ち寄せていた。

富士山麓

海岸沿いの自転車道路を行く。ウォーキングが主流で、たまに自転車が気まずそうに通る。石垣イチゴのハウスが目立ちはじめ、左手に久能山が近づく。清水市内は今夜から始まる「みなと祭り」の準備で街は賑やか。今日も猛烈に暑く興津川河口の海に飛び込む。川の水もきれいだったので、海水浴のあと川で泳ぎ体の塩を落とした。

薩垂《さった》峠下の国道を通り由比町の旧東海道へ入る。いつしか空は真っ暗、近くで雷鳴がとどろく。ポツポツ降ってきたと思ったら、いきなり猛烈な大夕立の来襲。風も強くしばらく傘をすぼめて歩いたが、民家の車庫にとびこみ雨宿り。狭い旧道を吹き抜ける突風で、車庫のシャッターが壊れてしまった。小降りの合間に由比駅に避難。一時間ほど待つと夕立は去った。今日は富士川までの予定だったが蒲原で夕暮れになってしまった。

富士川橋のすぐ上流には常夜灯と角倉了以《すみのくらりょうい》の碑が建つ。ここ岩淵は渡船場の上り場跡である。江戸時代初期に了以が岩淵から鰍沢《かじかさわ》まで、十八里（七十キロ）の船運を完成させた。明治四十四年の中央線開通まで三百年間運行された。常夜灯は富士川渡船と甲州通船安全のため、文政十三（一八三〇）年に再建されたもの。

富士の秀峰をながめながら富士川橋を渡り終える。左の水神社には、常夜灯や富士山道と刻まれた道標がある。吉原で食料を買い込み御殿場への道に入る。すぐにゆるい坂道になり、今宮を過ぎると人家が消えた。子供の国からは平坦な道に変わり、富士の裾野と越前岳との鞍部、十里木高原に着く。まだ早かったが景観抜群の草原地帯が気に入り、今日の日程を終りとした。

朝の高原はもやの中。すぐに十里木関所跡だった。十里木街道は富士宮と箱根竹之下を結ぶ十

平成14年のお峯入り

里の道。竹之下からは足柄峠を越えて相模へぬけた。藪に逃げ込んだ鹿が「ピィー、ピィー」鋭い声で鳴く。野ウサギが交通事故とは珍しい。近くには富士の巻狩御本陣跡の標識が立つ。東富士演習場の草原地帯を横断して御殿場の浅間神社に着いた。

旅の終り

小山町から山北町へと入る。町の高杉神社では今年の十月十三日、国指定の「お峰入り」が六年ぶりで行われるという。起源は南北町時代と伝える。記録では文久三（一八六三）年から、百四十年間で十六回だけ。演技者だけでも八十人の男子を要し、保存伝承には数々の工夫が施されてきた。全村から等しく演技者を出させ、役柄を各家に割り当てて継承させたりしている。元は衣装や用具も、一度に焼失しないように各家で保管していた。

昨夜は酒匂川《さかわ》のほとりで幕営し、松田町から秦野《はだの》市へ入る。国道から離れヤビツ峠へ向かう途中、五輪塔の立つ源実朝首塚があった。承久元（一二一九）年、鎌倉八幡宮で討たれた実朝の首は行方不明になっていた。三浦義村の家臣武常晴が拾いあげ、波多野氏を頼ってこの地へ葬った。ヤビツ峠への道は舗装された快適な登り。夕暮れに峠へ着き一時間ほど下って一日を終えた。

中津川上流の深い谷に沿って下る。宮ケ瀬ダムの湖畔で休息後、虹の大橋を渡り鳥屋《とや》の集落へ入る。昔のたたずまいを残す当地は丹沢焼山への登山口である。串川沿いの道で、相模川に架かる小倉橋へと向かう。途中暑さに絶え切れず冷たい清流に飛び込む。体の芯まで冷え、しばらくは汗無しで歩けた。最後の夜は片倉城址の芝生の隅にテントを張った。

八月七日、一周完結の日である。甲州街道に出て日野橋下の多摩川で体を洗う。子供のころ遊び泳いだ故郷の川だ。心身共にすがすがしくなり、あと数時間の歩みで「老春の旅」の終りを迎える。

二章　島と岬を行く（青春の旅）

一　東北の島と岬

金華山

昭和四十一年四月十一日、「青春の旅」に出た。

那須、磐梯《ばんだい》、安達太良《あだたら》の山々に登頂後、金華山《きんかざん》へ渡るため牡鹿《おしか》半島の女川《おながわ》港へ行く。マグロの子魚を積んだ漁船が、ぞくぞくと入港していた。その度に「ギャアギャア」ウミネコが騒ぎ、波にただよう死魚をくわえて飛び上がる。一日百トンぐらいの水揚げという。マグロは箱詰めにされトラックで運ばれる。浜にはエビ、タコ、イカ、ワカメなどが所せましと干してあった。

早朝の魚市場は活気に満ちている。せりが始まると、景気のよい掛け声と共に次々さばかれる。タコやカレイなどはまだ生きている。男衆は漁夫にふさわしい塩焼けした顔ばかりだ。

小さな定期船は金華山をめざして出港した。「山鳥の渡し」ともいう、幅一キロの金華山瀬戸を進む。島の鹿も泳いで半島へ渡るらしい。乗り合わせた花泉町の中学生たちは、早くも船酔いでゲーゲー。それでも生徒たちは大変行儀がよい。

まもなく前方に、ピラミッド型の金華山が見えてきた。昔から船の目標とされ船員、漁民の信仰厚い霊島である。出羽三山、恐山と共に、「奥州三霊場」と呼ばれている。一時間余りで桜が満開の島に着く。黄金山神社に荷を置き、海岸沿いに松林の道を鮑荒崎《あわびあらさき》に立つ金華山灯台へ向かっ

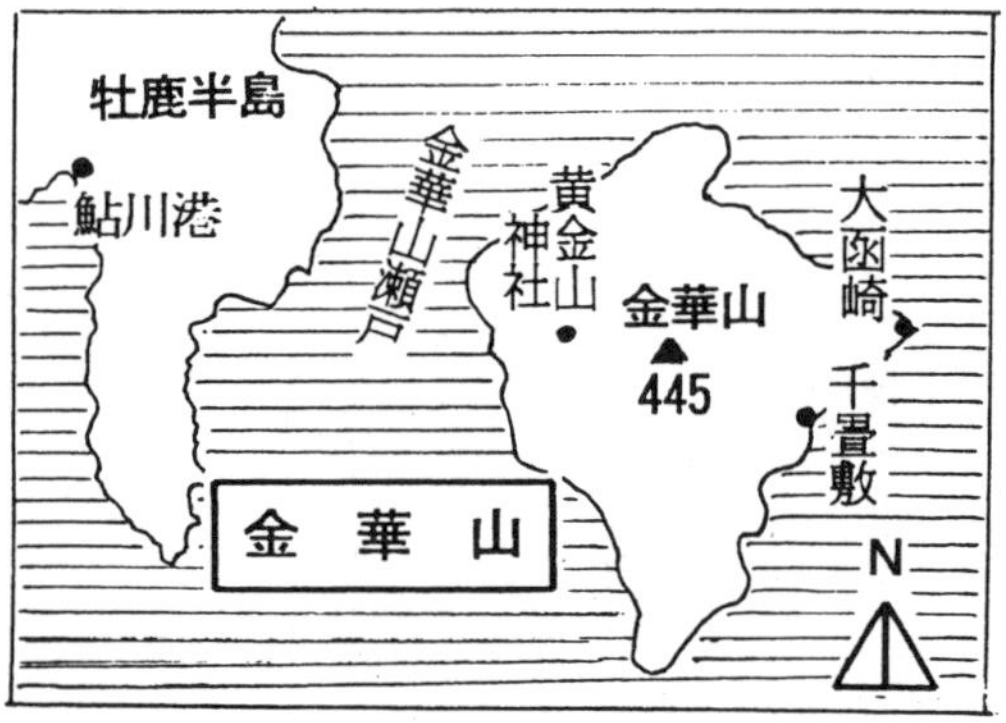

た。砕け散る波の音を聞きつつ、灯台の草むらに寝転ぶ。東方は島影一つ見えない太平洋の青い大海原だ。

「ドンドンドン」太鼓の音で目を覚ます。昨夜は社務所に泊めてもらった。広い神域を巡り鹿とたわむれてから、四百四十五メートルの金華山登山に出発。鳥の声を聞きつつ、四十分ほどで山頂に着く。牡鹿半島を間近に望む好展望台だ。

野生の鹿や猿を目撃しながら、岩間の道を下ると豪快な裏海岸へ出た。千畳敷の大岩にのぼり下をのぞくと、逆巻く波で目がくらみそうだ。見上げた紺碧《こんぺき》の空に、トンビが一羽ゆうゆうと舞う。大函崎《おおばこざき》の大岩壁には海鵜が集まり、サイノ河原の海岸は花崗岩の奇岩だった。島の中央を横断して表海岸へ向かう。登るにしたがい松、杉、モミ、クルミと樹相が変わる。尾根に達すると表海岸の方から、潮の香りを乗せた心地好い風が吹いてきた。少し休んでから表海岸の桟橋へ下り鮎川行の出港を待った。

鮎川港では、漁民がマグロ漁網のつくろいに余念《よねん》がない。タラが水揚げされていたが、近海クジラ漁の港として有名だ。寒暖の出会う沖合いは「クジラ銀座」の名がある。街の土産物品は、クジラ骨の細工物やクジラ饅頭などクジラ関係の品が多い。

トドケ崎

石巻行のバスに乗ると、次々に現れる小さな入江が目を楽しませる。支倉常長《はせくらつねなが》が欧州へ出港した月の浦もその中にあった。車掌さんは澄んだ声でそのつど丁寧に説明してくれた。

前方からもバスが来た。道がせまく、車掌さんは降りてバスをうしろへ誘導した。前のバスが通り過ぎると、車掌さんを乗せないまま走り出した。「ちょっと待って運転手さーん」。気付いた車内の人が知らせ、止った時には百メートルも走っていた。追いついた車掌さんはやな顔一つ見せず、笑みを浮かべて名調子の案内を続けた。途中からご祝儀客が乗り込み、飲めない酒をすすめられたのには閉口した。鏡のように波静かな万石浦が見えると石巻は近かった。

釜石鉱山の大橋駅で釜石行の切符を買う。「まことにありがとうございます」。切符だけで丁寧なお礼を言われたのは初めて。ところが釜石駅に降りるとき、切符が見あたらず二度払いになってしまった。道理でお礼を言われたわけだ。

釜石は街の南半分は製鉄所で、空は赤い煙で夕焼けのようだ。港へ行くと長い網を漁船に積んでいる最中だった。マスを捕る流し網で、これから北海道沖に出港するのだという。明日はトドケ崎へ行くため宮古市内へ泊まった。

三陸海岸最大の重茂《おもえ》半島の先端、「陸の孤島」トドケ崎への道は遠い。宮古から一時間半ほどバスにゆられ、姉吉《あねよし》で下車したのは私とペンキ屋の中塚さん一家の四人だった。ここから歩いて

「喜びも悲しみも幾年月」陸の孤島 トドケ崎灯台

本州最東端、トドケ崎灯台を塗り直しに行くのだという。ペンキは五缶あったので、一斗缶一つを運んであげることにした。浜に落ちていたわら縄で背負った。途中で缶が破れて流れ出し、ペンキだらけになる者もいた。

悪戦苦闘の末一時間半ほどで、『喜びも悲しみも幾歳月』のモデルの灯台に着いた。ここの灯台長の奥さんが、雑誌に投稿したのが原作という。佐田啓二、高峰秀子主演の映画と共に、「おいら岬の灯台守りは妻と二人で…」の歌が大ヒットした。

倒れそうな小屋でご飯を炊き、車座になりみんなで食べた。ペンキ屋さんはいく日か小屋で自炊して塗るそうだ。三十四メートルの灯台から太平洋の大展望に感嘆。灯台下の断崖は、荒波で深くえぐられ恐怖を感じる。岬の小さな入江で釣を楽しんだあと、中学生の中塚君と宮古へ戻ることにした。「東京ってすごいとこなんだろうなぁ」。秋の修学旅行を今から楽しみにしているようだ。バスを待つ間二人で浜に出て遊び過ぎ、危うく最終バスに乗り遅れるところだった。

北山崎

浄土ケ浜は巨岩と白砂で、極楽浄土を思わせる浜辺だった。夏は賑わうであろうが、今は海藻採りの漁民がまだ冷たい海中に何人か見えるのみ。浜辺をしばらく散策してから、北山崎をめざしバスで陸中海岸を北上した。乗客は一人だけの貸し切り。道路工事に出合いしばらく停車、運転手さんはのんきに夕バコをふかし始めた。バスは遅れて午後四時、北山崎の断崖近くに着いた。

陸中海岸の白眉《はくび》、北山崎を知ったのは十年前の高校時代である。教えてくれた先生は、付近の民家に泊まり明け方見に行ったという。その豪快な海岸美を何度も絶賛された。それ以来、北山崎の名は脳裏に焼きついてしまった。

海上は白いガスが立ち込めていた。時おり、ガスの切れ間から岩礁が現れるだけ。取材に訪れた雑誌記者はあきらめて帰ってしまった。

「せっかく来てくれたのに、申しわけないことです」。同伴の郷土史家青木松太郎さんが、すまなそうな顔で話しかけてきた。村の努力で昨日からバスが入るようになったのだと言った。

「ゆっくりした旅だから、テントを張って見えるまで待ちますよ」

「あんたのような熱心な方に、北山崎を見てもらえるなんてありがたいことです」

大変よろこび、郷土資料を送るからと私の住所をひかえた。

テントを張り終えてから、集落まで食料を買いに出かける。北山崎に戻るとガスが消え始めて、赤松の生える海食崖が姿を現した。「海のアルプス」の名に恥じず、八キロにわたり連なっているのだ。二百メートルの断崖から、岩礁や洞門に打ち寄せる荒波を見ていると、下半身が吸いとられるようだ。

翌朝、陽光に輝く北山崎の青い海をあとに黒崎へ向かう。黒崎に着くと、灯台の主人が柵のペンキ塗りをしていた。奥さんは草花に水をくれている。丁度そこへ、黒カバンを肩にした郵便屋さんがやってきた。小さな桜はほころびかけている。絵にしたいのどかな一こまであった。やわらかい陽をあびながら、灯台の芝生に寝ころぶ。遠くには小袖岬の小さな半島が海に突き出ていた。

蕪島

八戸市は「新産業都市」を掲げている。工業地域は脚光をあびているものの、工場誘致など思うにまかせないのが実情のようだ。市内の三八城《みやぎ》公園にのぼる。思いもかけず北西に、残雪に輝く八甲田連峰が見えた。新羅神社では女学生が、満開の桜のもとで写生に余念がない。八戸港では、北の漁場へ向かう漁船団が色とりどりの幟《のぼり》を立てて集結。家族全員の見送りの中、軍艦マーチのメロディーに乗って出漁するところだった。

港からほど近い蕪島《かぶしま》は、国指定のウミネコ繁殖地として知られる。むかしは船の停泊地だった。島名は自生するノラナタネを、地元ではカブノハナと呼ぶことに由来する。

周囲八百メートルの島全体は、三万羽以上のウミネコで埋めつくされていた。二月初めに島へ集まり、三月に巣作りをして四月に産卵。五月に孵化《ふか》し、七月上旬まで保育をして島を去る。越冬するのもいるとのこと。今は産卵の真最中である。

ウミネコは風に敏感で、休んでいる時は必ず頭部を風上に向けている習性がある。ほんの微風でもわかるらしい。観察すると、ほとんどが風に対して頭を向けていた。人を恐れず、餌を与える真似だけで寄ってくる。「ウミネコ号」というラーメン屋の車がやってきた。「ウミネコがお客ならずいぶん儲かるだろうになぁ」と思いながら蕪島を去り、種指《たねさし》海岸へと向かった。

蕪島の海ネコ

尻屋崎

今日から五月、しばらく下北半島の岬巡りである。半島はマサカリの形をしてお

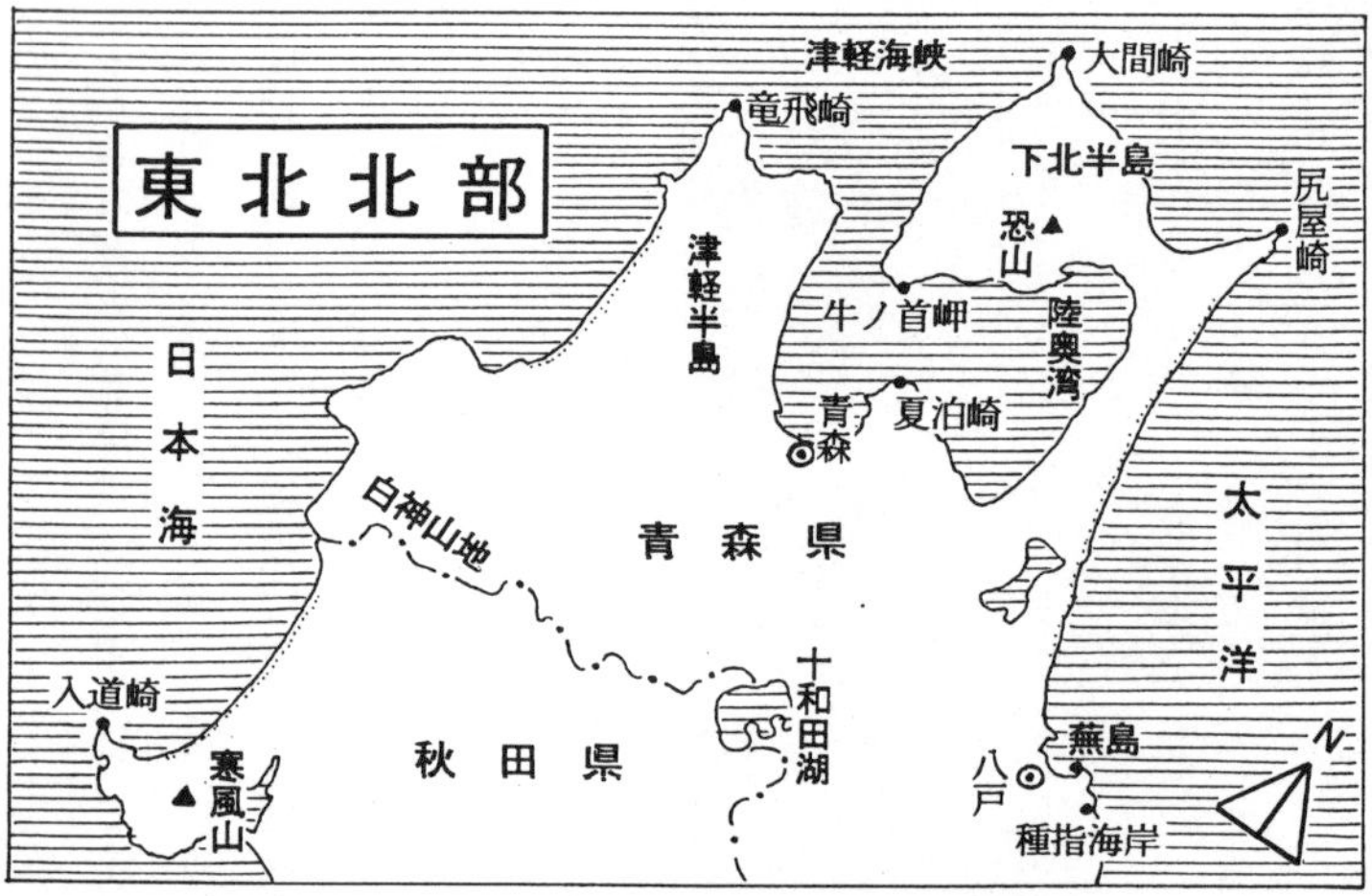

り、柄の先端が尻屋《しりや》岬だ。岬の周辺は、高さ二十メートルほどの海食台の荒涼たる原野。数頭の馬が草をはむ。尻屋馬、野放馬などと呼んでいたが、近年は「冬立馬《かんだちめ》」の名で知られるようになった。冬の猛吹雪にたえて生き抜く姿は感動もの、その耐久力は抜群である。牝馬《めす》のみ残し、牡馬《おす》は肉用として市場に出される運命だ。

親子の牛と一緒に岬の灯台への道を行く。灯台に近づくと海から強風が吹いてきた。まだ肌には少し冷たい。北海道がぼんやりと浮かび、振りかえると残雪の恐山がそびえていた。灯台付近の草地に体を投げ出し、青い海とヒバリがさえずる空をながめた。足のやや不自由な中年の婦人が、キャラバンシューズを履き、リュックを背負ってやってきた。よほど旅が好きなのだろう。

海岸の奇岩が、飽かず目を楽しませてくれる。風雪にたえるハイ松も見られ、本州北端の厳しさを肌で感じる。海中には暗礁が多く、夏の濃霧、冬の吹雪などが加わり「船の墓場」と呼ばれている。岬の先端には、安全を祈願する石地蔵が海に向いて立っていた。

大間崎

大間崎《おおま》は「鳥居崎」とも呼び本州最北端の岬である。北海道の汐首岬《しおくび》とは二十キロの距離。岬付近は低い砂浜で海中には岩礁が多い。岬からクキド瀬戸をはさみ、二百メートル沖合の弁天島に灯台が立つ。強風を受けながら海岸沿いを歩く。漁民は津軽海峡で、本マグロの一本釣にかけている。海峡を隔てた北海道の函館は真近だ。大間の人達は、昔から函館と結びついて生活している。本州にありながら、北海道の経済圏に属しているのである。

沖合には点々と黒い人影。漁民が遠浅の海中に入り、胸までひたりながらコンブ採りをしている。その数ざっと十五人ほどだ。集めたコンブは腰に着けた長い網袋に入れ、一杯になったら海岸まで引き上げる。浜にはコンブの大きな山がいくつもできていた。婦人たちがリヤカーに積んで運ぶ。黙々と働く姿に、下北の厳しい風土の一端を見る思いだった。

牛ノ首岬

脇野沢《わきのさわ》集落に近づくと牛ノ首岬の先端に浮かぶ、穴のあいた奇岩が松林の間から見えてきた。今日は端午《たんご》の節句。鯉幟もあがらず、集落はひっそりとしていた。ここはニホンザル北限生息地である。

海に面した愛宕山公園の桜は七分咲き。丘陵の頂きに社があり、海に向かって観音像がたくさん安置されていた。岬は夏泊《なつどまり》半島と相対して陸奥《むつ》湾をいだいている。南方八百メートルの海上には、釣りの名所として知られる鯛《たい》島が浮かぶ。無人灯台は岬の先端の奇岩の上にあった。山地が直接海に没しているので近寄りがたく、岬へは船でないと行けない。

下北半島の岬巡りを終え、ヤブツバキ自生北限地の夏泊半島へ向かう。椿山の椿は、つぼみがふくらんで咲き始めるところだった。海沿いに松林が続き波静かな海からは、「ピシャピシャ」小船をこぐ櫓の音が聞こえてくるだけ。タンポポの咲く浜辺を夏泊崎まで歩く。岬には大町桂月の文学碑があった。

「たてがみを海吹く風になびかせて、馬ひとつ立つ岩菊の原」

灯台は橋を渡った大島に立っていた。そこは雄大な一大パノラマ。灯台を中心として左に津軽右に下北の半島、津軽海峡の彼方には北海道が浮かんでいた。灯台下の草地に腰をおろし、ポンポン船が通り過ぎるのをぼんやり眺めた。

二　北海道の岬

恵山岬

五月七日、北海道へ渡る。最初に登った恵山から、はるか下方の恵山岬《えさんみさき》の灯台が見えた。山頂からトド法華に下り、海岸沿いを一時間ほど歩くと岬であった。仰ぎ見る恵山は、巨大な黒い岩のかたまり。中央に激しい亀裂が入っている。遠方からながめる山体は秩父の武甲山に似る。活火山の恵山周辺は、野趣たっぷりの名湯、秘湯が多い。

岬の近くには、海岸から沸き出す水無温泉があった。野生味あふれる露天風呂だ。波が打ち寄せるたびに海水が混ざり、ちょうどよい湯加減になる。一風呂浴びてからトド法華に戻った。集落では漁夫たちが大謀網《だいぼうあみ》を編んでいた。網の目が五センチ以上なので、ほとんど魚が逃げてしまいそうだ。「この網で何をとるんですか」心配だったので聞く。「マグロだよ」の答えに安心した。

ここからバスの出る古部まで、海岸の道を歩かねばならない。長い滝の坂トンネルは中央で曲がっている。出口が見えず洞窟に入ったようで気味が悪かった。

地球岬

室蘭《むろらん》はアイヌ語のゆるやかな坂を下るところ、「モルエラン」から生まれた地名。街は確かに坂が多く絵鞆《えとも》半島の丘陵地帯が、人家と段々畑などに利用されている。北炭の四十パーセントは室蘭港から運び出される。

標高二百メートルの測量山へのぼる。名前の由来は明治五年、札幌、室蘭間の道路を作るときこの丘を基点に測量したから。展望は申し分なく眼下に室蘭の街、港には貨物船が浮かぶ。白い頭だけ出した羊蹄山《ようてい》が北方にかすんで見えていた。

地球(チキウ)岬は半島の最南端、バスから降りて二十分ほどだった。灯台への道をのぼり、着いた頂きが灯台かと思うと今度は下り坂。やっと白亜の頭が見えてきた。灯台は断崖の先端に、海へこぼれ落ちそうに立っていた。

「危険、通らぬように」の立札。柵を乗り越え岬の最先端に立つと眼もくらむ絶壁だった。岬から続く海岸線は、激しい太平洋の荒波で削り落とされている。崖下にはアイヌの小さな漁村だけ。金屏風、銀屏風の名をもつ切り立つ海食崖が延々と続いていた。朝日に断崖が金色に輝くからという。

襟裳岬

襟裳《えりも》岬の周辺は草地の丘陵地。馬が群れ遊ぶ荒涼とした景観が広がっていた。ユースホステルに宿をとり、岬の灯台まで出かけた。日高山脈がつきるところ。その余勢は七つの岩礁となり、太平洋の荒波に洗われながら沖合いの彼方まで続いている。すべてが雄大で、自然の偉大さをひしひしと感じる。

日高山脈にさえぎられた気流は、岬を回るように強風となって吹く。風速十五メートル以上の日が年間二百日以上という。「風はヒュルヒュル、波はザンブリコ…」。歌のような体験もしたかったが、今日は風がなく穏やかな日和。灯台付近では羊が春の陽光をあびながら草をはむ。

襟裳岬に遊ぶ羊群

岬の海岸へ降りると、灯台から眺めた岩礁が意外と大きい。岩礁には橋が架けられ、しばらく沖まで伝って歩ける。仰ぎ見る灯台は航海の難所を守るにふさわしく、六十メートルの断崖上にそびえていた。沖合は「えりも漁田」と呼ぶ好漁場。浜の人たちは、荒海で育った「日高コンブ」を生活のかてにしている。

夕食後、もう一度岬へ行く。灯台には灯がともり、空は夕焼けに染まっていた。岬周辺はゼニガタアザラシの生息地。「アザラシ牧場」と言われる海上からは、波の音に混じってアザラシの声が聞こえる。ホステルへ戻ると、宿で飼っているアザラシが部屋に無断侵入していた。追い出すのに一苦労。おまけに部屋の中は、アザラシの生臭い匂いがいつまでも充満して閉口した。

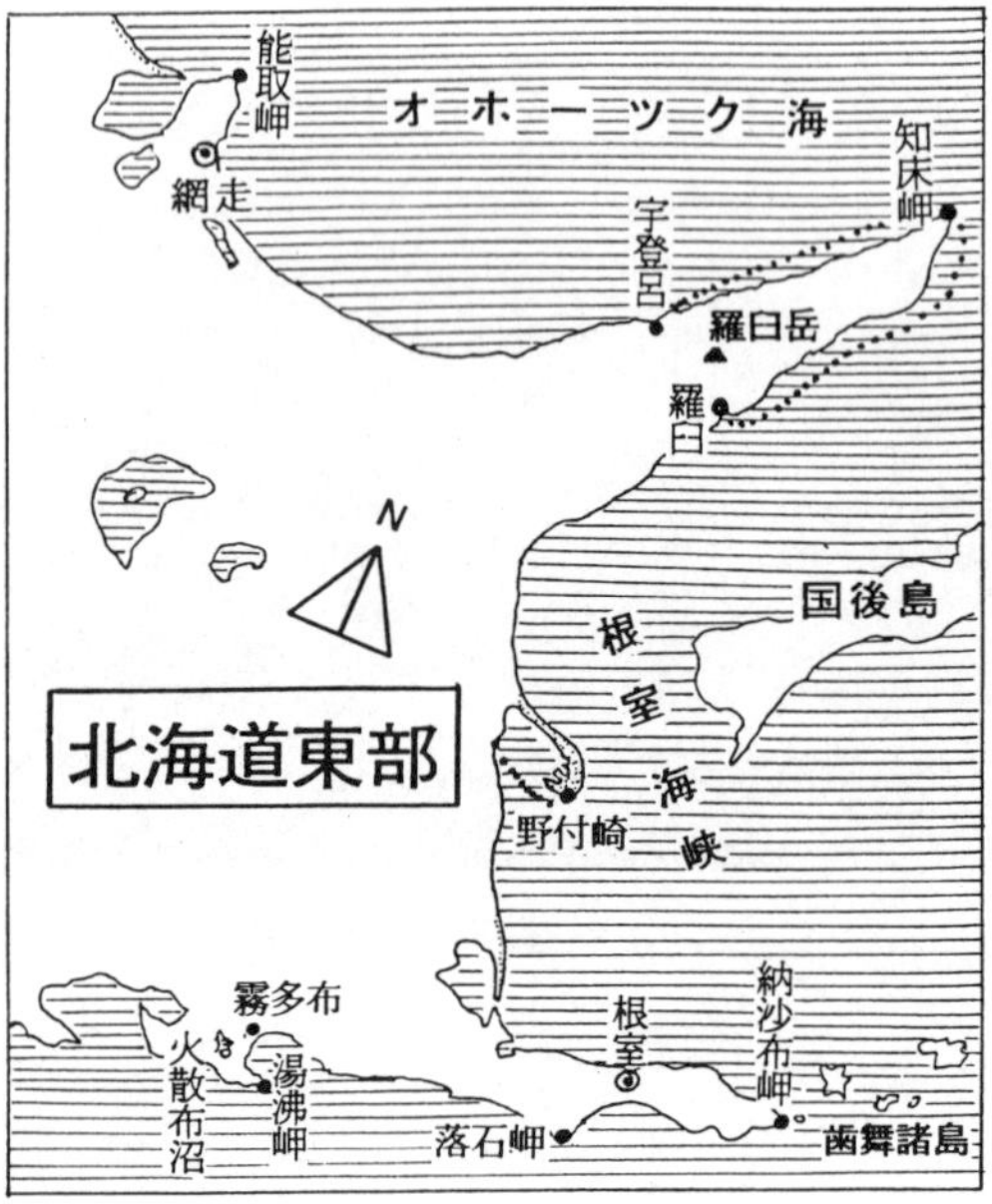

湯沸岬

霧多布《きりたっぷ》（浜中）の漁村は、先端の島が砂州でつながれた付け根の部分にあった。この陸繋島《りくけいとう》の先端が湯沸《とうふつ》岬で、背後は霧多布泥炭地の大原野である。漁村はチリ津波の傷跡からようやく立ち直ったところ。頑丈な防波堤が築かれていた。

漁民はリヤカーに積んできた、二、三十メートルもの長いコンブを干している。どちらを見てもあたり一面コンブ畑のようだ。干場の間をぬって道は湯沸岬へと続いていた。

襟裳岬をやや小型にしたような、雄渾《ゆうこん》の言葉がぴったりの男性的な岬だった。岩礁にはウミネコが群れ遊んでいる。トッカリ（アザラシ）が集まるので「トッカリ崎」の名がある。春の日射しのせいだろうか。くだけ散る波にも、激しさの中に暖かみが感じられた。

霧多布へ戻り、ビワセ湾を左に見ながらバスで火散布沼《ひちりっぷ》へ。さらに雑木林の山道を歩いて藻散布沼《もちりっぷ》へ出た。沼の周辺はのどかな草原で、タンポポが一面に黄色のジュウタンを敷きつめていた。

落石岬

落石《おちいし》漁港も霧多布同様、陸繋島の半島の付け根にある。岩手、秋田からの移住者が漁業集落を形成した。半島の先端が落石岬である。岬への途中には、明治四十一年開局の落石無線電信局があった。世界一周中のドイツ飛行船ツェッペリン号や、太平洋横断中のリンドバークとの交信に成功している。

落石半島は広大な湿地帯、水生植物が密生し所々に樹林がある。アフリカの大草原のような雄大な景観だ。灯台付近は風が強く、波は切り立つ断崖に激しく打ち寄せていた。真っ白に砕け散る波を見ていると、時のたつのも忘れてしまう。灯台から歩きにくい湿地帯を横切って岬へ向かう。天然記念物のサカイツツジの自生地は、森林に囲まれた別天地の原野にあった。落石岬は名前通り、岬からこぼれ落ちたような岩に波がぶち当っていた。

帰りに寄った長節湖には水鳥がたくさん泳いでいた。近くの丘にのぼると東の海上には、ユルリ、モユルリの平坦な二島が浮かび、北方の花咲港もよく見えていた。丘の草原は黄色や紫の花

根室港　タラバガニの水揚げ

が咲き乱れ、足の踏み場がないほどだった。根室港でタラバガニの水揚げを見てから、明日の納沙布行きに備えた。

納沙布岬

日本最東端の納沙布岬《のさっぷみさき》は、うすい霧が一面にたちこめていた。道内最古の納沙布灯台は、しきりに「ウーウー」霧笛を鳴らし続けている。道内で海霧の日数が最も多く、とくに夏は半数近くに達する。

根室半島には、北方領土からの引き揚げ者が多い。北方四島には終戦まで三千世帯、一万七千余りの人が住んでいた。岬には四島の地図と「呼び返そう父祖の地を」と書かれた看板が立てられている。沖縄のように、島からの日本復帰運動が起こらないのが空しい。前方三・七キロの沖合には、ソ連領の貝殻島が浮かぶ。泳いで渡れそうな近距離だ。ソ連の監視艇《かんしてい》も肉眼でとらえることができる。今日も拿捕《だほ》のニュースが流れ、あたり一帯に国境の厳しさが漂う。

岬に放置された、アイヌ蜂起で死んだ和人七十一人の墓がわびしい。その近くにテントを張り、シュラフにもぐって、ラジオで大相撲夏場所を聞く。大鵬の二十回目の優勝を告げていた。陽が沈み一段とさみしさを増す。灯台の灯だけが「パッ、パッ」、規則正しくテントを明るく照らす。日本が建設した貝殻島の無人灯台にも灯がついた。

一寝入りしたあとテントから出てみる。灯台が薄もやの中で不気味に光り、漁火《いさりび》が海上にいくつも浮かんでいた。波は闇の中からわく黒い怪物のように迫る。さいはての旅情をかきたてるに十分であった。

野付崎

野付崎《のつけ》は日本最大の砂州《さす》の先端にある。尾岱沼《おだいとう》でバスを降りると、野付半島は目の前の海上にかすんでいた。砂州の半島なのでほとんど海と水平である。砂州とはいえ、長さは三十キロもある。大町桂月が「北海の天ノ橋立」と呼んだが、そんなちゃちなものではない。水がはねたような形の先端部は、九群に分かれて伸びた砂嘴《さし》が尾岱沼の湾を抱えているのだ。

野付崎への遊覧船の乗客はたった三人だけ。それでも若いガイドさんは一所懸命に説明したり、「ノッツケ、ツケツケ…」と歌ってくれた。湾内にはアザラシの上陸する島があり、坐礁したソ連漁船が残骸をさらしている。いつもなら見える国後島の島影はなかった。野付は国後《くなしり》島への古くからの渡海地だった。江戸期の古文書は記す。「ノツケとてクナシリ島へ渡海日和待の泊所なり」。

「打瀬舟《うたせ》」と呼ぶエビトリ船が、三角マストをなびかせながらいくつも浮かんでいる。微風を受けながらゆっくり網をひき、三時から五時ごろまでの間に、北海シマエビを一人で五十キロも捕るという。

野付崎に近づくとトド原に、トドマツ、ダケカンバなど、樹林が密生しているのが見えてきた。ほとんどは強風と海水の侵入で立ち枯れ。樹木の墓場の感があった。約二時間の野付巡りを終え船着場へ戻る。浜ではホヤを餌に大きなカジカを釣っていた。グロテスクで口ばかりのような大物が、示し合わせたように次々かかってくる。

知床岬

六月二日、羅臼《らうす》町に入る。思っていたより近代的な街並みだ。港の近くには『地の崖《はて》に生きるもの』映画ロケ地の標識が立っていた。冬の番屋の留守をまかされた老人が、網をやぶるネズミ退治用の猫と一緒に、一冬を過ごす回想物語だ。主演の森繁久弥が自作「サラバ羅臼」を即興で歌い、加藤登紀子が「知床旅情」として大ヒットさせた。明日の知床岬行の船が、十二時に出港することを確かめテントを張った。

夜半、テントからぬけ出して羅臼港へ行ってみる。たくさんの漁船が集まり、魚の水揚げで活気に満ちていた。リヤカーに乗せてもはみ出てしまうオヒョウに驚く。まるでヒラメの化け物だ。ソ連船に拿捕された漁船が、羅臼港へ帰ってきたことを報じていた。拿捕保険がかけてあると言うが、北海漁業が安心して操業できる日は来るのだろうか。

船は三十分ほど遅れて出港した。岬回りの船は、昨日が就航開始で乗客は二人だった。わたしは今年三人目の乗客である。今日も札幌の男性と二人だけ。ガイドさんも二人という豪華な岬への船旅が始まった。港を離れるにしたがい、千六百六十メートルの羅臼岳が見えてきた。知床半島の最高峰にふさわしく、残雪の峰が天空にそびえる堂々たる山容だ。明日の登山が楽しみである。

国後島を遠望しつつ、ときどき番屋が現れる海岸沿いに船は進む。古い住居跡が見つかっているが、今は夏のコンブ、秋のサケ漁の時期に番屋が使われるだけ。半島に常住者はいない。イルカの群が船に近づき、勢いよく飛びはねて愛嬌をふりまく。サービス精神が旺盛だ。岬付近はウミウ、オオワシ、オジロワシ、トド、アザラシなどの生息地である。

海岸段丘に立つ岬の無人灯台が見えてきた。先端の風船岩をまわると、オホーツク海側の男性的な海岸が迎えてくれた。シシ岩、メガネ岩など変った巨岩が多い。宇登呂《うとろ》港が近くなるとさらに景観は迫力を増す。荒波に削りとられた絶壁、直接海へ落下する滝の数々、残雪の知床の山々。どれをとっても自然は偉大の一言だ。

「知床の岬にハマナスの咲くころ…」。船旅の終りを告げる、知床旅情のメロディーが船内から流れてきた。四時五十分、船は静かに宇登呂へ入港した。港の岩端にテントを張り、暮れ行くオホーツク海の落日をながめた。真っ赤に燃えた太陽が海と空をこがす。最後の光を海面に投げか

日本最北端　宗谷岬

けて水平線の彼方へ消えた。

宗谷岬

網走からバスでモヨロ貝塚をへて「夕日の名所」能取岬《のとろみさき》に向かう。岬の台地は広大な牧草地帯で、馬の牧場に利用されていた。雑草にまじるかれんなスズランは、小さな白い蕾をつけていた。南岸はアッケシソウで深紅のジュウタンになる。

岬の灯台は荒野の先端にあった。灯台付近の海岸は絶壁。海食台の岩盤が、波に洗われながら断崖をとりまいている。この岩盤はアザラシが集まる憩いの場所だ。今日は雨上がりで寒く、その愛嬌ぶりを見ることはできなかった。帰りにオホーツク水族館でオオカミウオを見る。恐ろしい顔は爬虫類のようで怪獣に似ていた。

宗谷岬《そうやみさき》へは稚内《わっかない》からバスの便があった。地元では「大岬」と呼んでいる。単調な宗谷湾岸沿いにバスは走る。期待していた岬は、「日本最北端の地」と刻まれた石標がぽつんとあるだけ。厳密には沖合一・五キロの弁天島が最北端である。

車道は岬の先端まで走り、あまり北の旅情はわいてこない。昔は樺太《からふと》への渡海口で、間宮林蔵も文化五（一八〇八）年に岬から樺太へ渡った。灯台の立つ高台には、北の海を監視した建物の一部が残っている。明治三十五年に海軍の望楼が建設された。無線電信所も付設され軍事上の要衝になっていた。

灯台の周辺はタンポポの黄色い絵の具で塗りつぶされていた。その後方は笹原と肉牛放牧地で、のどかに黒毛牛が草をはむ。大岬の漁港へ行くと、マダコを水揚げしているところだった。小船の底をのぞくと、足をグニャグニャ動かしている大小のタコがいっぱい入っていた。

稚内へ戻り、海岸段丘に沿う家並みを通り野寒布岬《のしゃっぷ》に向かう。ときどき外国兵に行き合う。日本の一番北のはずれで、外国人に会うとは思わなかった。岬の海食崖の丘陵に丸いドームの屋根が見えてきた。米軍のレーダー基地である。赤と白の縞模様の野寒布灯台は、岬の先端の低い段丘に立っていた。近くまで人家が建て込み岬への旅情はわかない。

雄冬岬

「タンパケ岬」とも呼ぶ雄冬岬《おふゆみさき》は、増毛《ましけ》山地が握りこぶしのように日本海へ張り出した先端にある。神威《かむい》岬、茂津多《もった》岬と共に「西蝦夷三険岬《にしえぞさんけん》」の一つで航海の難所。南の積丹《しやこたん》半島と対峙《たいじ》して石狩湾を形成している。

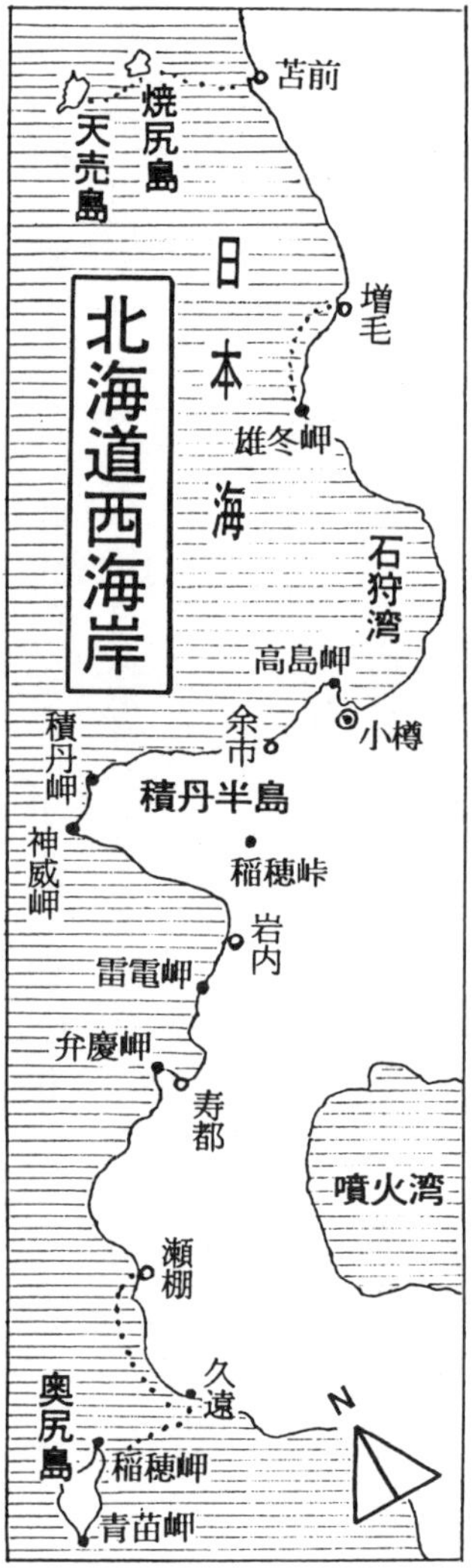

一般には増毛から雄冬集落へ出る定期船で、岬の海岸美をながめるだけだ。まだ観光船のないのが嬉しい。日本の秘境はほとんど無くなってしまった。雄冬岬は数少ない秘境の一つと言えるだろう。

天気は朝から荒れ模様だった。雄冬丸はかつてニシン漁で賑わった増毛港から、二十名ほどの乗客を乗せて出港した。みんな地元民だ。しだいに風が強まり海が荒れてきた。小さな船は上下左右に揺れ、甲板にも海水が侵入しはじめた。一方海岸美は、歩古丹を過ぎてからますます良くなってきた。増毛山地の雄冬山が直接海中に没し、小知床と言った感じだ。木々の緑と滝をかけた断崖とが調和した、自然美の見事さはたとえようがない。

岩尾港では、はしけが沖まで出てきて海上で荷の積み降ろしをした。波にゆられて作業には時間がかかった。雄冬岬に近づくと、断崖上の灯台が白くぽつんと見えてきた。二筋の滝が直接海へ落下しているのも確認できる。増毛から二時間後、岬の灯台下の雄冬に入港した時は雨になっていた。

積丹の岬

小樽市郊外の北、石狩湾に小さく突き出ている高島岬に遊ぶ。祝津港のある岬付近は、市民の憩うレジャー地である。ヨットハーバーや水族館、岬の丘のニシン御殿は休息の場を提供していた。ヤン衆の声はもう聞かれない。

水族館で魚とガラス越しに別れのキスをしてから、バスで積丹半島の神威岬へ向かう。余市を過ぎると石狩湾岸の道になる。いくつものトンネルをぬけて、終点のわびしい余別漁港に着く。ここから神威岬までは歩かねばならない。海辺に沿う岩がちの細い道が岬まで続いていた。灯台から岬の先端を見下ろす。義経とチャシンカの悲恋を伝える神威岩が、荒波を受けながら四十メートルもの高さで海中からニョッキリ立っていた。船に女性を乗せると海が荒れると信じられ、幕末まで岬以北は女人禁制《にょにんきんせい》だった。

帰路は途中の入舸《いりか》で下車し、山道を積丹岬まで歩いた。お祭りで賑わう入舸に戻ると、小さな漁村にはふつりあいな大名行列が通るところだった。

余市からバスで稲穂峠を越え岩内《いわない》の雷電岬へ行く。雷電海岸は、立派な舗装道路が走り観光地化されていた。ここも義経に因む伝説や地名が多い。弁慶の刀掛岩、傘岩などの奇岩が眼を楽しませてくれた。

弁慶岬へは、函館本線の黒松内《くろまつない》から寿都《すっつ》までローカル線に乗った。一日に上下二本だけでいずれは廃線の運命である。寿都駅は森閑として物音一つしない。駅長室をのぞくと、一人の職員が帳簿の整理をしていた。ずいぶん暇そうである。それもそのはず、「上りの電車は当分の間運休」の張り紙がしてあった。寿都はニシン漁や鉱山で栄えた時代もあったのだが。

駅前から、日本海に鋭く突き出ている弁慶岬をめざす。岬の海岸は海面すれすれに黒々とした岩礁が続く。所々に細長い入江があり、海水は南の海のように澄んでいた。魚も数多く自由に泳ぎまわっている。雷電海岸とは反対に、自然そのままが残されていた。カニを友に時を過ごしていると、不便をおして来たかいがあったと感じた。

三　北海道の島

礼文島

稚内港から礼文島行に乗船する。船についてくるイルカの群を見ているうち、二時間ほどで島影が大きくなってきた。丘陵性の低い山が重なりあう、周囲七十二キロの日本最北の島である。昔はロシアとの密貿易の中継地だった。江戸中期に青森の人たちが漁場を求め移り住んで開けた。船泊に上陸、港の近くでは山を切り崩し道路工事の最中だった。さいはての島で工事現場に出合うとは、日本はよくよく道の悪い国だ。島はカニのはさみに似ている。はさみの先がスコトン岬と金田岬で、その間の入江が船泊港である。最北端のスコトン岬から島巡りを始める。バスは途中の白浜の漁村までだった。

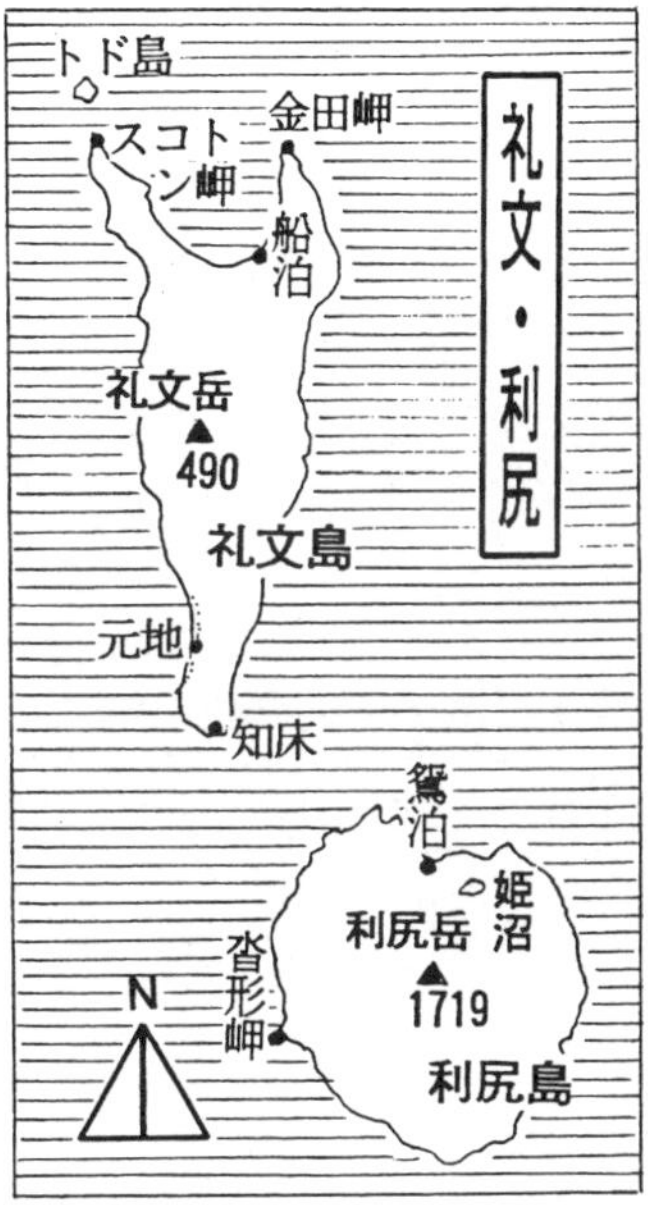

岬周辺は草地で、海岸近くまで高山植物が咲き乱れていた。三百種は確認されており「花の浮島」の名にふさわしい。岬のわずか前方には、周囲四キ

スコトン岬より　最北の孤島　トド島

ロのトド島が北海の荒波を受けて浮かんでいた。夏は島へ渡り漁をする人もいるが、今は無人とのこと。それを知り、最北の無人島で一夜を明かすことができたら……。何とロマンチックなことだろう。

さっそく近くの民家を訪ねて、船を出してくれないか頼んでみた。「島へ行ってあげないこともないが、風が強いので明日にしたら」そっけない返答だった。今日はあきらめて、トド島を眺める絶好の草地にテントを張った。何もすることがないので早めにテントに入る。そのうち数名の子供たちが、近くで相撲遊びをはじめたようだった。

「おい、あんな所にテントがあるぞ」。気づいた一人が叫んだ。よほど驚いたのだろう、全員が近づいてきて「中に人がいるのかなぁ」などと言っている。「ゴホン、ゴホン」。大きな咳ばらいをして知らせた。子供たちは何もない暗い岬で、一夜を過ごすことなど理解にくるしむらしい。

明け方、風は収まったものの荒波が絶え間なく、トド島めがけて白い波頭をあげていた。今日も島へは船を出してくれそうもないので、スコトン岬をあとにした。西岸のゴロタ岬の海岸は、切り立つ海食崖が延々と続く。船泊に戻り金田岬に遊ぶ。灯台付近は高山植物の競演だった。

四百九十メートルの礼文岳登山後、バスで南端の知床集落へ向かう。乗り合わせた知床の藤田吉太郎さん宅へ同行する。テレビをつけると、ニシンを積んだソ連船が稚内へ入港したニュースが流れた。「まあ珍しいものを」。藤田さん一家は懐かしがった。「最近は沿岸にも魚が少なくなってねぇ、漁具も高いし、民宿でもやろうかと考えているんだが……」。ニシン漁は昭和二十九年を最後に途絶えたそうだ。

大原麗子に似た色白の娘さんが、昼食を出してくれたので旨さが倍増した。食事後、倉庫の中を見せてもらう。三階まで漁具やスケソウダラ、ワカメ、コンブなどが詰まっていた。帰りにメノーやワカメをいただく。重くなったリュックを背負い、メノウ浜と呼ばれる元地海岸へ歩を運んだ。

利尻島

利尻島は中央に利尻山がそびえる、周囲六十キロほどの円形の火山島だ。北海道本島から眺め

沓形岬　時雨音羽歌碑より利尻山

ると、一七一九メートルの高山が海に浮かんでいる様子がよくわかる。早くからアイヌの人たちが住んでいた。

島の玄関口、鴛泊《おしどまり》から利尻山登山道がある。姫沼に映る利尻山を観賞したあと、明日の登山に備え食料を買う。それを見ていたカラフト犬が近づいてきた。放し飼いにされて街中を歩いているのだ。おとなしそうだが熊のように大きいので怖い。南極観測で活躍し、置き去りにされたが生きていたことに全国民が感動した。

利尻山登山では、スリップ事故を起こし危うく命を落とすところだった。雪渓を横断中、五十メートルも滑落したのだ。沓形《くつがた》集落へ着くと手のすり傷を見た老人が、無事に下山したことを喜んでくれた。そこは「親不知子不知《おやしらずこしらず》」と呼ぶ、特別危険な急斜面だった。慣れた地元民でも恐れていることを知り、もう一度背筋が寒くなった。

沓形岬の海岸は玄武岩が海へ張り出し、小さな溶岩台地を形成していた。「ドントドントドント波乗り越えて……」で始まる、『出船の港』の立派な歌碑が建っていた。数々の名歌詞を作った、時雨音羽の故郷が沓形であることを知った。

岬の先端へ出ると、歌碑とは反対に静かな波がヒタヒタ岩端に寄せていた。振り返ると利尻山は「利尻富士」の名にはじず、あくまでも高く天を突き根張り豊かにそそり立っていた。

天売島・焼尻島

稚内発の列車は、水芭蕉が咲きほこるサロベツ原野をひた走る。車内は行商へ向かう婦人たちの元気な話し声が充満。おかずを交換しながら、朝食の弁当を食べている人もいる。日本海の夫婦島、天売《てうり》、焼尻《やぎしり》への定期船が出る苫前《とままえ》駅で下車する。

天売島は天明年間からニシン漁で栄えた、周囲十二キロの小さな島。海鳥の繁殖地として国の指定を受けている。船の着いた東岸は平坦な明るい漁村だった。小型の貸し切り船で、千鳥ケ浦の西海岸へ回って驚く。ちっぽけな島に、大規模な断崖絶壁が続いていたのだ。しかも断崖の岩棚にはペンギンに似た珍鳥、オロロン鳥と呼ぶ海ガラスがいる。無数に飛び交うウミネコの鳴き声のうるさいこと。島に飛来する海鳥は三十種、三十万羽という。岩肌は海鳥のふんで白い縞模様になっていた。

海中から六十メートルも突き出た南端の赤岩を回り込み、船をユースホステル前に着けてもらう。下船したのは東京の若者と、大阪からきた娘さんだけだった。ユースは大きな民家で、中年の婦人が一人で経営していた。かつては繁栄した「ニシン御殿」だったのだろうか。ニシン漁が盛んなころはヤン衆目当ての、春を売る女性も島へ渡ってきた。春きて夏かえるところから、オロロン島と呼ばれていた。ニシンの去った現在は沿岸零細漁村の島になってしまった。

「落日がきれいだから見に行くといいよ」婦人に勧められ、三人で赤岩の岬まで出かけることにした。原野を通り岬の灯台までくると、断崖に群れ飛ぶウミネコの大群が夕日をあびて乱舞している。衝撃を受けた我々は、草むらに腰をおろし暗くなるまでながめた。ユースに戻った時は八時過ぎだった。夕飯はとりたてのウニやアワビのご馳走に舌づつみ。

「こんばんわ失礼します」。いきなり三人の男が部屋へ入ってきた。泊り客かと思ったら、島の若者が遊びにきたのだった。島では平穏すぎて刺激に乏しいのであろう。旅や東京の話などすると大変よろこんでくれた。電気は島の発電だけなので十一時に消されてしまい、以後は暗黒の島になる。若者たちはその前に帰って行った。

翌日三人で羽幌《はぼろ》行に乗船、途中で焼尻《やぎしり》島に寄港した。私だけ下船することになり、また一人旅になった。この島も天売島ほどの小島である。島は「オンコの森」と呼んでいるイチイの木が密生していた。さっそく森に足を踏み入れてみる。緑のさわやかな明るい森で、すぐに清々しい気分になった。

奥尻島のイカ干し

奥尻島

奥尻島への定期船は瀬棚から出ていた。十二時三十分が出港なので、正午ごろ港へ行くと船はすでに沖へ向かっていた。時刻が変更になっていたのだ。しかたなく、翌朝八時の船に乗ることにした。三本杉の奇岩近くの海岸にテントを張り、半日海をながめて過ごした。

二人いた乗客は、寄港した久遠《くどお》で降りてしまった。暗い客室に一人だけ残された。海は荒れはじめ、小さな船はきしみ不安がつのる。奥尻港に着いた時はほっと息をはき肩から力がぬけた。島の周囲は六十キロほどで、形は大きなサツマイモに似ている。火山島なので海岸の岩礁は玄武岩質の黒い溶岩だ。鍋つる岩などの溶岩洞門が、海中から姿を見せていた。江戸中期の大津波で無人島化したが、幕末には松前藩の流刑地になっていた。戦後は国後島から多くの移住者を迎えた。三平汁はこの島が元祖という。

バスで北端の稲穂岬へ行く。岬の周辺は、荒涼としたうらさびしい風景が広がっていた。「サイノ河原」と呼ぶ岬の先端は溶岩や玉石が散在、沖合は海の難所である。津波か海難事故か、死者の霊を弔う石仏や塔婆がたくさん立っていた。空にはカラスと低くたれこめた雲。うす暗い不気味な岬であった。

奥尻港へ戻ってから、今度は南端の青苗岬へ向かう。岬付近にはイカを干す縄のさくが多い。奥尻はイカの島でスルメの本場だ。青苗港は漁港と共に冬の避難港でもある。電球を吊したイカ釣り船がびっしり停泊していた。一隻に十人ほど乗り込むそうだ。スルメになるマイカの漁期は六月末から半年間である。

四　日本海岸の島と岬

竜飛崎

七月十七日。七十二日間の北海道の旅を終え、福島からフェリーで津軽の三厩《みんまや》に着く。ここは義経が追われて北海道へ渡った地とされる。義経寺からの眺望を楽しんでから、竜飛崎《たっぴざき》行のバスに乗る。車中は地元民のおしゃべりで賑やか、北海道と異なり訛りのはげしい津軽弁。ほとんど内容がわからない。津軽海峡で動物相が異なるブラキスト線は、人の言葉にもあてはまるようだ。

バスはでこぼこ道をほこりを立てながら走り、津軽半島先端の竜飛漁村へ着く。北海道へ通じる海底トンネル入口で、斜坑堀が行なわれている工事現場だった。岬までは歩いてすぐに着いた。岬の断崖には十四メートルの灯台が立ち、海面からむき出した大小の岩礁に荒波が激しく打ち寄せていた。年間の平均風速は十メートル、風神の住む岬である。北海道の白神崎とは二十キロの距離。江戸時代は、北方警備の要所として砲台が設置された。海上警備に関心の高かった吉田松陰が訪れている。

入道崎

東北の日本海側は砂浜海岸が多く比較的単調である。唯一とも言える小突起が男鹿《おが》半島で、その先端が入道崎《にゅうどうざき》だ。もとは火山島だった半島で地形的に大変興味深い。北の米代川《よねしろ》と南の雄物川《おもの》から河口へ運び出された土砂は、沿岸流によってそれぞれ伸びて砂州が生まれた。砂州は成長して、沖合いの島へつながり半島になった。二つの砂州で閉じ込められた海が、海跡湖の八郎潟である。

男鹿三山に登る予定だったが雨で断念し、バスで男鹿半島巡りに出る。寒風山《かんぷうざん》の展望台へあがり、一ノ目、二ノ目、三ノ目潟のマール（爆裂火口）を見おろした。緑の森林に囲まれて三つの小さな丸い火口湖が光っていた。戸賀湾もマールの西側が決壊し、海水が入って湾になったのだ。半島北端の入道崎に着く。水島、赤島が浮かび、高さ二十四メートルのスマートな灯台が立っていた。岬の周辺は広い草原だが、近代的なホテルが立ち並びすっかり観光地化されていた。そのためか、岬の荒々しく豪快な岩礁群も物足りなく、空虚さだけが残った。

飛島

飛島は鳥海山の西、四十キロほどの日本海に浮かぶ周囲十キロ余りの小島。大噴火で飛び散った「鳥海山の落とし子」と言われる。島の周囲には御積島《おしゃくじま》をはじめ、微小な島や岩礁が点在している。

悪天候の中、酒田港を出た船は大きく揺れはじめた。大波を受けた船は高く上がり、波の底に向かって落ちる時は、エレベーターで下がるように不快な気分だ。甲板まで海水が浸入し、船が沈むのではないかと心配になってきた。甲板のあちこちには船酔いで苦しむ人ばかり。出港して一時間ほどたったころ、船内にスピーカーが流れた。「波が高く危険につき船は酒田港へ引き返します」

ほっとした人、残念がる人たちで船内は騒然。自然の脅威には逆らえない。船は二十分ほど戻ったが、どうしたわけか再び飛島へ向けて走りだした。船長もだいぶ迷っていたのだろう。

船は一時間ほど遅れ、昼ごろ飛島の南端へ着いた。幸い雨は上がったので、島巡りをすることにして北へ向かった。小さな食堂に寄り込むと、人のよさそうな中年の婦人が出てきた。「上がってゆっくりテレビでも見ていきんさいよ」。注文したラーメンを食べ終えると座敷へ誘い、焼イカをお皿いっぱい出してくれた。

島は北前船の風待ち港として栄えた。明治以降は「南京小僧」と呼ぶ風習があった。北海漁場の出稼ぎをさせるため、庄内地方からもらい子をして一人前に育てたのである。今も島の男衆はほぼ全員が七月から半年間、北の海へ出稼ぎ漁に出てしまう。その間は「女の島」になる。島に残された婦人たちはたくましい。畑仕事、家事、外交、子供の育児と教育。「女消防隊」まで組織されている。女だけの気安さからかとても開放的だ。便所は母屋とは別に道端にある。しかも入口が道に面していて戸がない。いやでも大きなお尻がまる見えだ。狭い道を通りながら何度も目のやり場に困った。

北方の高森山の丘には灯台があった。周囲は千古の原生林が茂り気味が悪いほどだ。雨上がりの緑は濃く、セミしぐれも何故か静けさに感ずる。展望台にのぼってから砂浜にテントを張り、貝やカニを探したりして夕暮れまで過ごした。

テントに入ると先客の蚊がいた。ブンブンうるさいだけなら我慢するが、肌の出ている所へしつこく攻撃してくる。すっぽり寝袋に潜りこんだが暑苦しい。そこで蚊の追出し作戦に出た。出口を開けたら入ってくる蚊の方が多く、百匹余りにも増えてしまった。それならと、新聞紙を燃やしてゆぶり殺そうと考えた。蚊は半分ほど死んだが、テントの中は煙と暑さで息苦しい。一度テントをたたみ、張り直したがいつの間にか増えてしまう。忍者みたいな蚊だ。蚊と奮戦しているうちに夜明けを迎えてしまった。

今日は穏やかな日になった。船は油を流したような海面を、滑るように酒田港へ向かって進む。「往《ゆき》は怖《こわ》いが帰りはよいよい」だった。最上川の河口付近にテントを張る。今夜はぐっすり寝られると思ったら、夜中に「ニャゴニャゴ」捨て猫が鳴きやまない。二晩続けて熟睡できなかった。

北陸海岸

金沢市内の見学後、小松市からバスで安宅《あたか》ノ関跡へ行く。海に面した松林の中のやや小高い所に関址の碑があった。昔の関は海の中に没していると言うが、やはりこの辺が本当の関跡のようだ。

観光用の弁慶、富樫の像を見て、金津駅から三国線に乗りかえ芦原《あわら》温泉へ向かう。少し揺られ

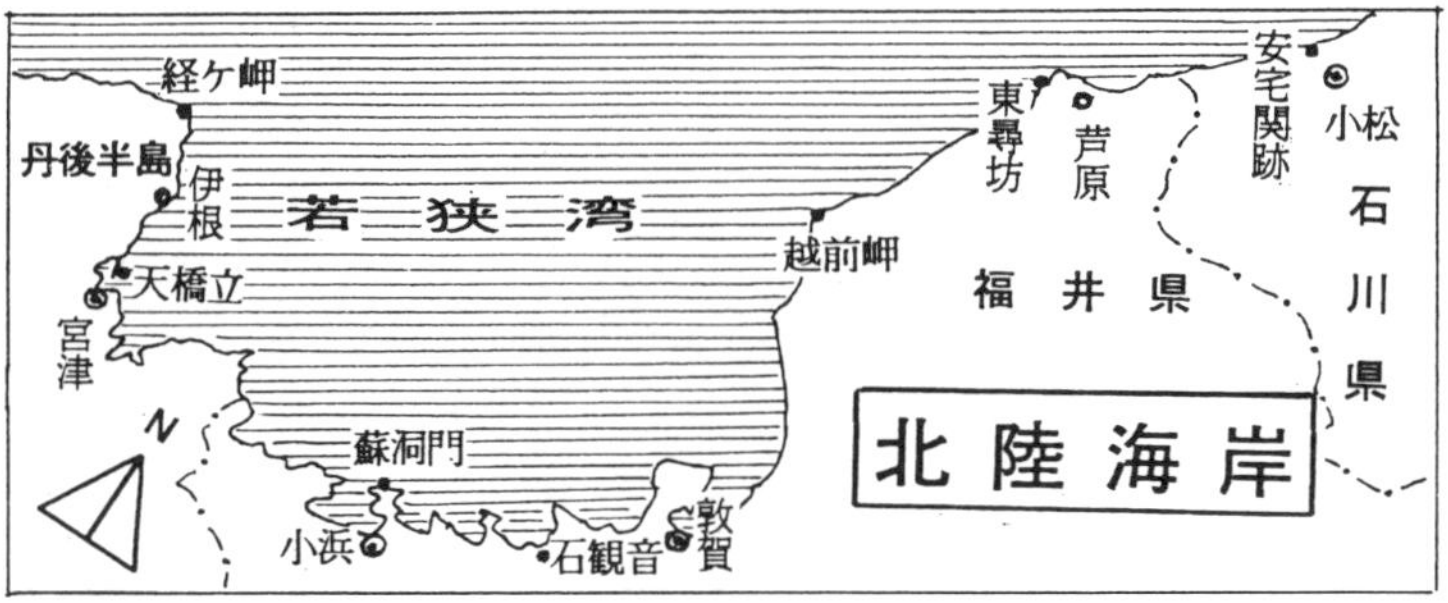

ると車内放送が流れた。「次は終点芦原です、どなた様もお忘れ物のないように」。乗ったと思ったらすぐに終点、これで忘れる人はよほどのボケだろう。芦原からバスで、九頭竜川《くずりゅうがわ》の河口を見つつ東尋坊《とうじんぼう》へ。柱状節理《ちゅうじょうせつり》の絶壁はみごとだが、観光客が多くゆっくり観賞できなかった。

　敦賀《つるが》から小浜へ向かう途中、石観音に寄るため三方《みかた》駅で下車。本尊は花崗岩の石仏で、弘法大師が一夜で彫りあげたと伝える。右手だけが完成しないうち、夜明けのニワトリが鳴いたため右手のない観音様になった。手足の悪い人にご利益がある。手足堂には願をかけた人たちが奉納した、大小の手や足がうず高く積まれていた。よくなった手足の模造を、自分で彫って納める風習が今もある。

　翌朝、蘇洞門《そとも》見学のため船着場へ行く。乗客は八王子の娘さんと二人だけ。アベック気分で乗り込む。波静かな小浜《おばま》湾から外洋の若狭《わかさ》湾へ出たとたん、海は生きもののように荒れ狂っていた。船もろとも海中に投げ出されそうだ。それでも船は進む。あとわずかで蘇洞門と思ったら、船は向きを変えて小浜湾へ引き返した。むなしさと船酔いだけが残った。

経ケ岬

宮津から船で文殊を通り、天ノ橋立七千本の松林を右に見つつ一の宮に着く。ここは三キロ半に及ぶ、天ノ橋立の砂州の根元にあたる。砂州の幅は狭く、七、八十メートルほど。その中央に道が走っている。砂州の東側は宮津湾の波をさける堤防で固められていた。

傘松公園にのぼり、天ノ橋立の「股のぞき」をしてから丹後半島行のバスに乗る。海岸線に沿って走り、伊根港から山間へと入る。ワラ屋根の民家が点在し、小さな田では稲刈りの真っ最中である。「日本の原風景」の名がぴったり似合う田舎の里。浦島太郎伝説地で、浦島神社などもあってほほえましい。浦島伝説は各地にあるが、玉手箱の残るこちらが本家を主張している。

バスは再び海岸へ出て、トンネルをぬけると半島の先端部。停留所から二十五分ほど歩くと経《きょう》ケ岬であった。岬の玄武岩の節理が、経巻を積み重ねたように見えるとか。越前岬と対峙《たいじ》して広い若狭湾を形成している。岬の潮流は早く昔から難破船が絶えなかった。そこで高僧が、岬の岩窟にこもり安全祈願のお経をあげた。灯台はフランス人技師により、明治三十一年に点灯された。灯台下の岬の先端は樹林におおわれ、岬からの眺めは期待していたほどではなかった。

隠岐諸島

隠岐《おき》行の船は、弓ケ浜（夜見ケ浜）と呼ぶ砂州先端の境港から出ていた。島へ渡る前に弓ケ浜を散策することにする。弓ケ浜駅から一キロほど東へ歩くと、松林と白砂が調和した浜に出た。

ゆるく孤を描きながら、幅四キロ、全長二十キロの「大橋立」とも呼ぶ砂浜が続いていた。野生のグミの密生地があり、赤く熟れた実がたくさん成っている。さっそくテントを張る。こんな手つかずの自然の中で、静かな波の音を聞きつつ一夜が過ごせるとは、極楽浄土以上だ。

境港は水揚げ日本一を競う漁港の街である。船は本土から七十キロかなたの隠岐へ向けて出港した。隠岐諸島は住民の住む島前《とうぜん》、島後《とうご》と百八十余りの無人の小島からなっている。昔は後鳥羽上皇、後醍醐天皇をはじめ、多くの者が流された「流人《るにん》の島」であった。

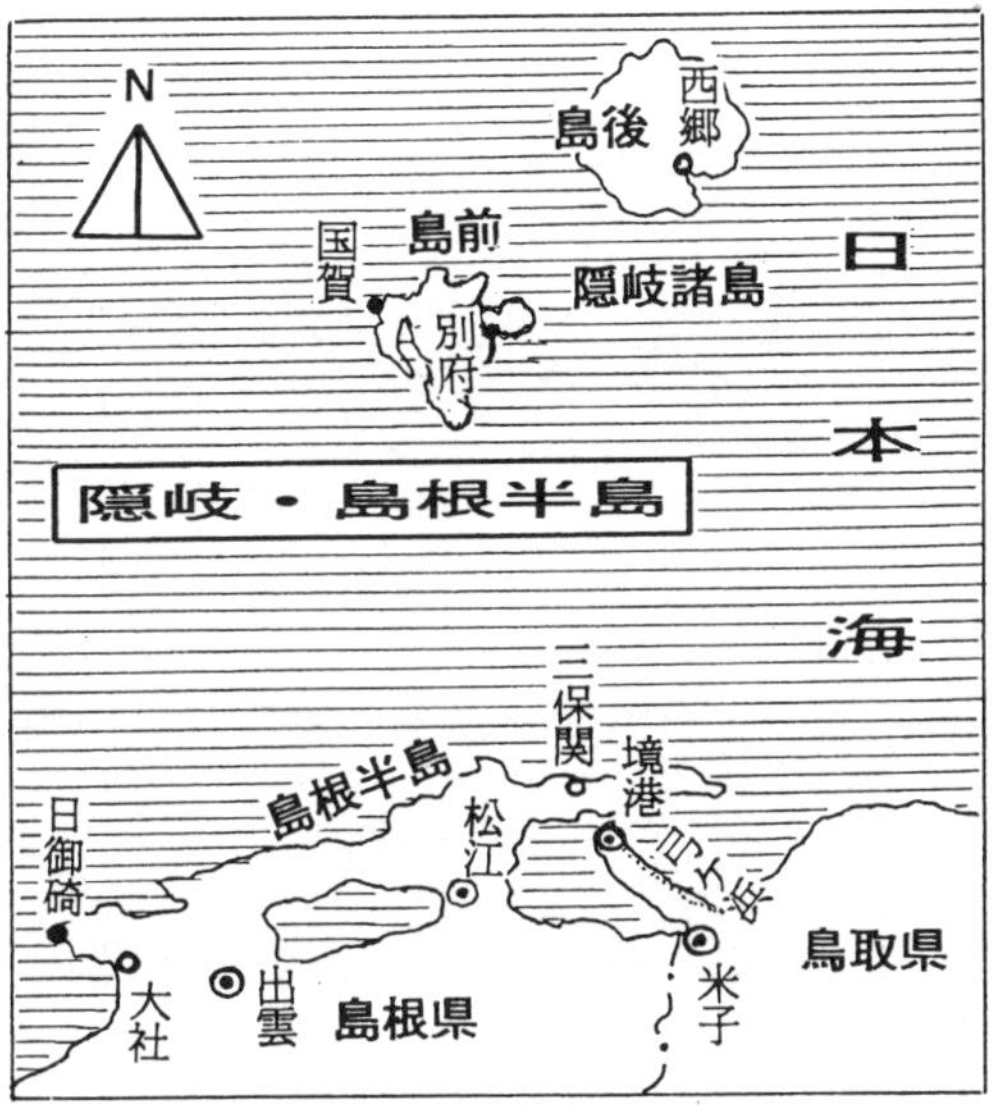

島前の別府へ寄港してから、小さな入江にある島後の西郷に接岸する。隠岐は配流の島になる前は、大陸文化の流入中継地として重要であった。近年まで「牧畑《まきばた》」と呼ぶ古い農業形態も残っていた。牛馬の放牧地、牧草地、耕作地を年ごとにかえて行く方式だ。

まだ陽は高かったので歴史探訪に出かける。西郷の街並みを通り小川沿いに進み、刈り入れに忙しい田を見ながら国分寺へ着く。寺は巨木に囲まれおちついた雰囲気の中にあった。

隠岐　国賀海岸

後醍醐天皇の御在所跡で、島一番の史跡になっている。帰路「八百杉」を見に玉若酢《たまわかす》神社に寄る。太さ九メートル、樹高二十九メートル、樹齢千六百年という堂々の大杉に威圧された。

翌日は西郷から船で島前の別府港へ上陸。近くの黒木御所跡を訪ねてからバスで浦郷に着く。ここから西海岸の景勝地、国賀《くぬが》への観光船が出ている。今日は波が荒く欠航だったので、陸路から歩いて行くことにした。

山地の細道へ入り、国賀海岸の「摩天崖」に向かう。道端にはグミやカキが実っていた。しだいに展望が開け、隠岐の島々が眼下に見えてきた。牧畑の柵を越えて二百五十メートルの摩天崖の頂きに着く。見おろす断崖の下は、大海原から怒濤《どとう》の如く打ち寄せる波が逆巻く。放牧されている牛たちと一緒に寝転び、潮の香を胸いっぱいに吸い込んだ。

日御碕

隠岐諸島から境港へ戻り、再び船で島根半島の美保関《みほのせき》へ。恵比寿様で知られる美保神社は、朝のおつとめが始まるところだった。白い衣に真っ赤な袴《はかま》。巫女《みこ》たちの姿を見ているだけで心が清められるようだ。

関の五本松は神社の裏山の展望の良い所にあった。古くから海路の目印になっていた。「関の五本松一本切りゃ四本、あとは切られぬ夫婦松」。名高い松も台風で一本が折れてしまい、今は三本松。「三角関係にならねばよいが……」

松江から電車を乗り継ぎ、出雲大社の門前町へ入る。大社の広い境内は公園のようだ。縁結びの神だけに若い男女が目につく。のんびり境内を散策しているうち、日暮れになってしまった。あちこち探したが、テントを張る場所がない。やっと見つけた墓地で急場をしのぐことにした。冷たい半月が墓地をうす明るく照らす。不気味な夜であった。

今日は島根半島の西端、日御碕《ひのみさき》へゆく予定である。その前に歌舞伎の元祖、出雲の阿国《おくに》の墓を見ておこうと思った。通りすがりの婦人に所在を聞いて驚く。明け方まで寝ていた墓地内であった。戻って確かめると、墓はテントを張った横だった。「阿国と一夜を過ごしたとは……」

日御碕周辺は奇岩、岩礁の変化に富み岬にふさわしい景観だった。高くそそり立つ灯台の背後は一面の松林。切り立つ大岩壁には、日本海の荒波が直接ぶつかり白いしぶきや泡となって四散していた。四十四メートル、日本一高い灯台の中へ入り、百六十八段のラセン階段をのぼる。テラスに出て潮風に吹かれながら大展望を堪能した。

青海島

青海《おうみ》島に渡るため山口県の仙崎港に着く。秋吉台から石灰岩を運んでいる、世界一長いベルトコンベアーが海上まで伸びていた。島は仙崎から二百メートルの沖に横たわっている。以前は二つの島だったものが砂州でつながってしまった。夏ミカンの原樹、鯨の墓などがある。清月庵に元禄五（一七五九）年から、明治初年までの鯨の胎児七十二体が埋葬されている。近くの向岸寺には鯨の過去帖がある。

捕鯨は江戸時代に、毛利藩が鯨組を組織したのに始まる。回遊してくる鯨を島の湾内に追い込み捕獲した。子供づれの夫婦鯨が入ったときは、子、母、父鯨の順に捕った。子を失った親鯨は子を探して逃げない。妻を失った夫の鯨も逃げ出さない。ところが夫を先に捕獲すると、薄情な妻は逃げてしまうからだ。

島の心髄は「海のアルプス」、北岸の豪快な海岸美である。船で島を一周する予定だったが天候不良で欠航、陸路から北海岸の断崖、洞門、岩礁の豪壮な景色を眺めた。

五　瀬戸内の島

厳島

仙崎から下関へ出て火の山展望台にのぼると、対岸の門司が狭い海峡をはさんで手にとるようだ。火の山直下の海が壇ノ浦で、国道トンネルの入口になっている。下関から瀬戸内の島巡りのため東へ戻る。

山口市は小京都の名で知られるがまだ田舎の匂いが残る。品物はとても安い。ザビエル聖堂を見て岩国市の日本三奇橋の錦帯橋《きんたいばし》へ。錦川にかかる百九十四メートルの橋は、観光的な美観に優れているが、反橋で歩きにくく実用的でない。祭りで賑わう市内を散策のあと厳島《いつくしま》をめざした。

厳島とは神をおごそかに祭る島の意で、古代には人の住めない神域だった。厳島神社の門前町として栄え、「安芸《あき》の宮島」の名で日本三景の一つになっている。耕作をしない、死者を埋葬しないなどの風習があり、墓は一つもない。森林の伐採はタブーとされている。海に浮かぶ大鳥居の太い原木に驚嘆。宝物殿で国宝の平家納経を見てから原生林の中を登り、島の最高峰五百三十メートルの弥山《みせん》に達する。山頂は大岩が重なり合い瀬戸内海の展望が絶景だった。下山も静かな原生林の道を紅葉谷へおりた。

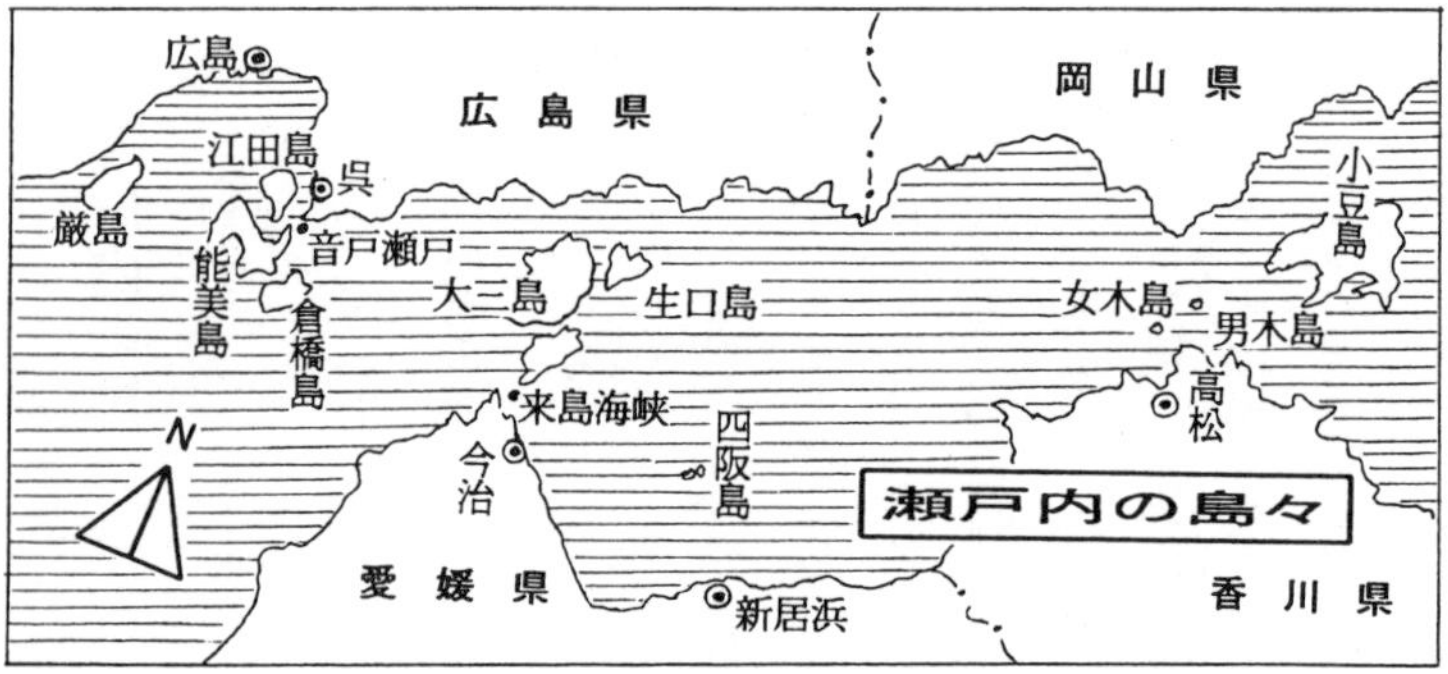

大三島・生口島

広島の市内見物後、元海軍兵学校があった江田島に渡る。さらに能美島《のうみ》、倉橋島をへて音戸《おんど》の瀬戸に出た。狭い水道には立派な音戸大橋が架かる。清盛塚を見てから大三島《おおみしま》へ渡った。島の大山祇《おおやまずみ》神社は、海と武人の守護神として名高い。国指定の大楠が茂る、うっそうとした厳かな森の中に鎮座している。

「国宝の島」にふさわしく、神社には全国八割の国宝や重文のヨロイ、カブト、太刀などの武具が納められている。各地の武将たちは武器を奉納して戦勝の祈願をした。昔は広大な社領を有し、瀬戸内水軍の中心的舞台となっていた。

「神の島」大三島に隣接した生口島《いくちじま》に渡る。島四国八十八ケ所をはじめ寺が多く、こちらは「仏の島」である。今日の目的は昭和十一年建立、「西日光」の耕三寺を訪ねることだった。

うわさにたがわず、各時代様式を集めた立派な寺院が建ち並んでいた。物見遊山の観光客が多く、のんびり観賞してはいられない。建立者の金本耕三氏は大阪で実業家として成功し、島に残した母親への純粋な孝養だけで建てたという。儲けた金の全てをつぎ込み陽明門、五重塔、大仏殿など一代で二十数棟を建立、執念のすさまじさを感ずる。

尾道へ渡ってから倉敷に出る。市街地の中にまだ田畑があるのに驚く。蔵の町を散策後、鷲羽《わしゅう》山《ざん》のユースホステルに泊まり夜景を見に山頂へのぼる。漁火《いさりび》や街の灯が、鏡のような瀬戸の海にキラキラ映《は》えていた。帰り道がわからなくなり、電池で辺りを探していたら運悪くアベックを照らし出してしまった。

待合室の一夜

岡山市内見物で遅くなり、街中ではテント場がない。夜を明かすため岡山駅の待合室に入る。「どういぅ目的で山に登るの」。私の登山姿を見て、中年の紳士が問いかけてきた。即座に良い返答が浮かばず、「一度登ってみればわかりますよ」と言ったが、納得してもらえそうもなかった。隣に座っていた人も話しかけてきた。名古屋から小田原まで徒歩旅行をした苦心談を語った。「わしも旅行によく出かけるが、あの時の旅が一番だったねぇ」若いころを懐かしんでいた。

隣の人が立ち去ると、酒臭い労務者風の男が座った。ろれつの回らぬ一人言がうるさいので、しばらく駅の食堂に避難した。脇で食べていた人が「にいさん、頑張ってしっかりやりなよ」と、席を立つとき肩を叩き声をかけてくれた。待合室に戻ってみると、別の酔った男が大声でがなり立てていた。へんなのが一人増えてしまった。しばらくするとなにわ節が聞こえてきた。なかなかの名調子である。酒瓶をぶら下げた男も入ってきた。彼らは駅を寝ぐらにしているようだ。

和服の女性と男が口論を始めた。女性はすごい剣幕でまくし立てて男を突き飛ばした。しかも履いていた草履で殴り、周囲の人はあっけにとられた。そのうち酔っ払いの一人が、旅行者とつかみ合いの喧嘩になった。誰も止めようとしないので公安委員を呼びに行った。喧嘩がおさまったのでベンチに戻ると、背広姿の立派な男性がミカンを食べはじめた。そばにごみ箱があるのに無造作に皮を捨てた。

待合室の人間模様を観察しているうち、一睡もしないまま夜が明けだした。駅で夜を過ごすのはこりごり、「テントが一番」を再認識した。

鳴門海峡

「鳴門のうず潮」を見るため明石から淡路島へ渡り、南端の福良で観潮船に乗る。船が鳴門海峡の中程に近づくと、ザワザワ白波が立ちはじめた。突然船はググッと下へ沈んだ。直径三十メートルのうず潮の中へ入ったのだ。周囲には大小無数のうずが巻いている。うずの底は周囲の海面より一メートル以上低い。体験して「これは一見の価値があるな」と感じた。

「一潮に月ひき落とす鳴門かな」。うずの原因は潮の干満により、瀬戸内海と外洋との水位の落差で潮流が起こる。大潮では一・三キロの狭い鳴門海峡を、時速二十キロで流れる。このとき、海峡にある暗礁のためうずが生まれるのだ。

鳴門から高松行の車中で、市内の無養《むや》に住む広岡篤行さんと同席になる。「無事に旅を終えたら必ず手紙下さい」。私のむさい身なりを見てか、お金までいただき激励された。

小豆島

定期船は高松港から小豆島《しょうどしま》の土庄《とのしょう》へ接岸した。瀬戸内第二の島で、周囲百二十六キロの溶岩台地。大阪城の巨大な石も島から切り出された。すぐにバスで銚子渓に向かう。

銚子滝は水量が少なく、ソーメンを垂らしたように細長く落下。猿が放し飼いの公園内を通って展望台へのぼる。今を盛りの紅葉の眺めがよい。美しの原のユースホステルは満員だった。すでに三ケ月前から予約を断り続けているとのこと。どこでもかまわぬからと頼み込む。椅子を並べてベッドをつくり、ロビーの広間に泊まることになった。そのおかげで、ペアレントさんと親しく雑談することができた。

小豆島は観光客の季節的変化が少なく、いつも混んでいるという。特に春は島四国八十八ケ所巡りのお遍路さんで賑わうそうだ。瀬戸内海の十字路として気軽に立ち寄れる便利さに加え、島名から受ける優しさからだろうか。八割近くが女性である。『二十四の瞳』が一躍有名になったこともあるが……。

早朝の美しの原は一面のガス。ケーブルで寒霞渓《かんかけい》を下るころはガスが消え、紅葉の間から奇岩快石が姿を現した。土庄へ戻る途中、オリーブ栽培の試験場に寄る。島は日本で最も雨の少ない地域、耐乾性のオリーブに適するのだ。熟した実は紫でブドウに似る。食べるとにがっぽく、口の中がかすかすになった。食用には緑のうちに収穫して塩漬けにする。

女木島・男木島

高松の沖合には女木島《めぎじま》、男木島《おぎじま》の小さな夫婦島が浮かんでいる。昔は二島合わせて「雌雄島」と言われていた。周囲八キロの女木島は「鬼ケ島」とも呼ばれ、桃太郎伝説の島である。

高松港から屋島をながめつつ、二十分ほど小船にゆられると女木島へ着いた。さっそく島の最高地点、百八十三メートルの鷲ケ峰に登る。頂きに立つと波静かな瀬戸の海原が広がっていた。男木島は間近に、平坦な屋島とそれに続く五剣山の岩峰が眼を引く。

女木島　鬼ヶ島

鬼（海賊）の住家だった洞窟は鷲ケ峰直下にあった。昭和六年に発見されたが島の人はすでに知っていた。怖くて入る者がいなかったそうだ。おそるおそる天井の低い洞窟の中へ入る。広い空間や部屋がいくつもあり、迷路のようになっている。注意して見るとノミで削った跡がわかる。総延長四百メートル、全て手掘りの大洞窟だった。洞窟の前でおみやげを売っている婦人と雑談。「よかったらすぐ下だから家にきて泊ったら」。「今日中に男木島へ渡る予定なので、申しわけございません」。恐縮してことわった。

男木島は洞窟観光の女木島と異なり、島民は半農半漁で静かに暮らしていた。島には「借耕牛《かりこうし》」の伝統がある。今は少なくなったが牛を飼育し、農繁期に米どころの讃岐《さぬき》平野の農家へ貸し出すのである。米のとれない島では代金に米をもらうそうだ。頭上運搬の風習もまだ残っている。キャンプ地の男木島の浜からは、高松市の灯が海上に照り返していた。

四阪島

新居浜《にいはま》は住友金属の街で自転車王国でもある。朝夕の通勤通学などほとんど自転車で、自動車はすまなさそうに端を走る。別子《べっし》鉱業所の工場が海岸に立ち並び、小工業地域を形成していた。別子銅山は遠方なので途中の選鉱所まで出かける。選鉱された鉱石が、トロッコに乗せられて新居浜港へと運ばれていた。瀬戸内海の四阪島《しさかじま》へ送って製錬するのだ。新居浜港へ戻ると、四阪島行の船が出るところだった。切符も買わずにあわてて乗船した。船賃は一時間乗って四十円、あまりの安さに嬉しくなる。船は鉱業所の人たちの専用船だったからだ。一般の定期船は百五十円である。

四阪島は四島の総称。まんじゅう型の島がいくつか現れ、百十メートルの大エントツのそびえる島に着いた。すでに夕暮れだったので、島で一軒だけの宿屋に入る。古い大きな建物で女便所は三畳もあり、マージャンだってできそうだ。島には水がないので日々水船が運んでくる。

翌日島を見学する。周囲に亜硫酸ガスの公害を出さないため、住友が島をそっくり買収して操業を開始したのが明治三十八年。それまでは無人島だった。主な工場は廃石で海を埋め立てた上に建てられていた。平地はほとんどなく、島の斜面は社宅でびっしり。帰路も住友の船で今治《いまばり》行に乗る。船賃は安いし乗り心地も満点だった。

来島海峡

今治城址は、海水を引き入れた堀のあることで知られる。満々と海水をたたえた堀には海の魚がたくさん泳いでいた。近見山にのぼると今治市街が一望のもと、瀬戸の海がにぶく光る。

山頂から波止浜へ下り、来島《くるしま》海峡の観潮展望所の糸山へ。海峡には小島が浮かび、小形船が航行していた。潮が燧灘《ひうちなだ》から西へ流れているのが良くわかる。うず潮は見られなかった。

今治から松山行の列車に乗る。途中で夕暮れになったので北条で下車。海岸へ出てキャンプ地をさがしているうち、浜の人に対岸の鹿島へ渡るのかと勘違いされた。勧められるまま島の国民宿舎へ泊まることになった。

松山見物は、郊外の奥道後温泉から始めて市内へ戻った。子規堂の庭には坊っちゃん列車が展示されていた。「マッチ箱のような列車、三銭とは安いと思ったら、ガタゴト五分ほど走ったと思ったら、もう降りなければならない」。漱石の文章の一節そのままのような小さい客車だった。

今夜は松山駅の待合室で仮寝の予定。大きな風呂敷包みを脇に置いた初老の男性が、落ちていたタバコを拾い目を細めてうまそうに吸った。どうやら駅を寝ぐらにしているようだ。終電車後、浮浪者と一緒に追い出されてしまった。外は粉雪が舞っていたのでもう一度駅へ戻る。待合室の入口にシートを敷き、シュラフに潜りこんだ。早朝の一番列車が着き、「暖かいもので寝ているなぁ」の声と共に、耳元でドタドタ足音が聞こえてきた。

六　九州の島と岬

対馬・壱岐

瀬戸内の島巡りや四国の山岳を登っている間に、今年も十二月になってしまった。今日から九州に入り対馬《つしま》、壱岐《いき》の島巡りから開始する。

両島は朝鮮との飛び石。日本と大陸とを結ぶ貿易、軍事上重要な役目をしていた。元寇《げんこう》、秀吉の朝鮮出兵、日露戦争などそのつど登場した。対馬と朝鮮半島とは六十キロ、九州本土より近い。天候の良い日には釜山《ぷさん》の煙まで見える。

博多港から対馬行の定期船に乗る。船は壱岐の勝本港に寄港後、対馬の中心地厳原《いずはら》へ入港した。島の街にしては立派である。広い道路、石垣で囲まれた町並み。厳原は宗氏十万石の城下町だったのだ。今も城跡や武家屋敷が残り、当時の面影もとどめている。島の交通事情は良くないので、明日は壱岐へ渡ることにする。寺の付近で野営地をさがしていると、泥棒に間違えられてしまった。適地がなく墓地の奥にテントを張った。

ふと目を覚ますとまだ十時、ナイトショー映画のマイクの声が流れてきた。テントから這い出して街へ出てみた。土曜日のこともあり路地には酔っ払いが多い。終了は午前一時を過ぎていた。はるばる対馬まで映画を見にきたようなものだ。翌朝、眠い眼をこすりながら港へ急いだ。

勝本港にて　イカのかわむき

船は壱岐の勝本港へ接岸した。島の中心地郷之浦行のバスを待つ間、主婦と少女のイカの皮むき作業をながめる。日当たりのよい道端には、たくさんのイカが吊し干されていた。海岸線沿いにバスは走る。車窓からは島の婦人たちが、天秤《てんびん》で魚や野菜を大ざるに振り分けて運んでいるのが眼にとまる。

郷之浦から島の最高峰の岳の辻に登る。二百十三メートルの草地の丘陵だが、眺めはすこぶるよい。丸い壱岐の海岸線がぐるりと見渡せた。低くなだらかな丘陵が重なりあう、ほぼ平坦な島だ。対馬は海の彼方にぼんやり浮かび、唐津方面の九州本土は近くに見えていた。海から吹く風は冷たいが、子供たちは元気に草スキーに興じていた。

島で一泊の予定だったが、夕刻出航の博多行があったので乗船した。広い船内に乗客は十名ほど。波静かな博多湾へ入ったころ甲板へ出る。博多の街の灯と暗い夜空に星がきらめいていた。

平戸島

周囲百六十キロの平戸島は古来から大陸との交通、貿易の要衝だった。遣唐使の寄港地で空海も立ち寄っている。鎌倉時代は、肥前松浦四郡を中心に活躍した武士団連合松浦党《まつら》の城下町、室町時代は倭寇《わこう》の根拠地になっていた。ポルトガル船入港後は南蛮貿易が開かれ、西欧列強国の商館が建てられた。平戸の繁栄は鎖国による長崎への商館移転まで続いた。

平戸口駅で下車し船で平戸島へ行く。島は本土から犬でも渡れるほどの距離にすぎない。中心地の平戸市を散策。観光記念館でオランダ文やキリシタン史料、骨董品などを見る。オランダ商館跡付近には、オランダ塀の一部と古井戸が残っていた。ザビエル記念碑や三浦安針の墓などに立ち寄ってから、市街地を見下ろすエキゾチックな天主堂へ。さらに展望のよい川内峠に向かう予定だったが、雨が降ってきたので平戸口へ戻った。

佐世保市は大きな街である。展望を楽しむため弓張岳にのぼる。眼下には市街地と軍艦の停泊している佐世保港、九十九島《つくも》の眺めがよかった。

福江島

長崎港から五島列島行に乗船する。中通島、奈留島へ寄港後、福江港へ入る。福江は五島列島の中心で五島氏の城下町として栄えた。黒船の来航に備えて文久三（一八六三）年、日本で一番最後に築かれた石田城址を見てから、島で唯一の温泉地荒川へ向かう。温泉に入るのではない。対岸の玉之浦へ船で渡り、明日最西端の大瀬崎へ行くためである。

バスは二つほど峠を越え、荒川港で小型船に乗りかえた。船員と話をしながらリアス式の入江を横断する。入江の先端には二十数軒の集落もあったが、全戸長崎へ引っ越したそうだ。住民のいない荒れた段々畑だけが残っている。捕鯨基地だった玉之浦は、海にこぼれ落ちそうに海岸まで建て込んでいた。

早朝、宿をあとに歩いて大瀬崎をめざす。島民は早朝から、切り干しいもの作業に精を出している。一時間半ほどで日本最西端の岬が見えてきた。細長く海に突き出た岬の先端には、白亜の灯台が朝日をあびていた。岬周辺は東シナ海の荒波に削られた大絶壁。高さ百メートル、長さは十四キロにも及ぶ。かつて断崖には、日本海海戦で「敵艦見ゆ」の無線を最初に受信した通信施設があった。灯台先端の巨岩にのぼり、しばらく海と対面してから引き返した。

福江市へ戻り、三百十七メートルの鬼岳にのぼる。一面草地の典型的な臼状火山で、山体に比べ火口が大きい。噴火口からは「ペレーの涙」と呼ぶ、珍石の火山涙が産出する。付近にも臼型の四つ

福江島　日本最西端の大瀬崎灯台

の小さな火山があった。

天草島

天草へは、熊本から宇土半島をへて天草五橋を渡る。中心地の本渡市は天草下島と上島が接するところにある。キリシタンが多く、島原の乱では多くの住民が殺され、土地が荒廃した歴史を持つ。天草氏の築いた本渡城址に行く。手入れの行き届いた外人墓地や千人塚があった。城址でゆっくり休んだあと、島を縦断して南端の牛深《うしぶか》市へ。街はせまい場所に民家が立て込んでいた。市街地と港を見下ろす高台にテントを張り、港の付近を散策して時を過ごした。

眼がさめたら七時十五分前。七時発の水俣《みなまた》行に乗る予定だったので、急いでテントをたたみ港へかけつける。船が岸壁から離れるところを飛び乗った。船は天草の島々をぬいながら、冬日和の穏やかな海を進んだ。

甑島

東シナ海に浮かぶ甑島《こしきじま》は上、中、下の三島からなる列島である。阿久根港から出港した定期船は、快晴の海原を二時間ほど走り上甑島の里へ入港。さらに列島伝いに南下し、七つの港に寄りながら最終港の下甑島の手打《てうち》へ着く。

どこへ行こうか思案していると、うしろから老人が声をかけてきた。田上宇市さんだった。一人暮らしで、九州から一歩も出たことがないという。カメラを見て自分を撮ってほしいとせがみ、直立不動で岸壁に立った。「写真だ、写真を撮ってもらった」顔一面で喜びを表わし、隣近所へ大声で告げて歩いた。子供返りしているようだ。

手打の田上さん

陽はまだ高いので、田上さん宅へ荷を置き近くを散策した。樹林トンネルの気持ちのよい道を、何度も往復してから浜へ出る。岩礁伝いに最南端の釣掛《つりかけ》崎まで行き、夕暮れの海をながめて過ごした。夜は狭い部屋で、今日逢ったばかりの田上さんと枕を並べて寝る。とても不思議に思えた。

翌朝荷物の整理をしていると、登山用具を珍しげに触れた。セロハンテープを見つけ、少しほしいと言った。三十センチほどあげる。帰り際にわずかなお金を渡すと、何度となく頭を下げられ胸が熱くなった。

佐多岬

本土へ戻り薩摩半島を南下する。南西端の坊《ぼう》集落は対馬暖流の入口にあたり、今はカツオ漁で生活している小漁村に過ぎない。かつては、大陸との交易港として栄えた日本三津の一つだった。遣唐使船も寄港、鑑真が上陸した。

開聞岳登山のあと、半島最南端の長崎鼻《ながさきはな》へ。ソテツの自生する自然公園で別称「竜宮崎」、浦島太郎伝説が残る。間近には裾《すそ》を海水に洗われている開聞岳。「薩摩富士」の名にふさわしい端整な姿に見ほれる。はるか彼方の海上には硫黄島、竹島、黒島の三島が浮かんでいた。

山川港は、マール（爆裂火口）の一部が決壊して海水が入った良港だ。鹿児島から大隅《おおすみ》半島の垂水《たるみず》へ渡り、バスで本土最南端の佐多岬《さたみさき》をめざす。南端の半農半漁の集落、大泊《おおどまり》からはロードパークになっている。道の両側はブーゲンビリア、フェニックス、ソテツなど亜熱帯性の植物。半島の先端部はジャングルのように、各種の植物が繁茂していた。灯台は岬先端から二百メートル沖の大輪島に立つ。一八六六年、江戸条約に基づき設置された八灯台の一つだ。明治四年に完成、太平洋戦争で攻撃目標にされて崩壊。今の灯台は昭和二十五年に再建された。雨になった

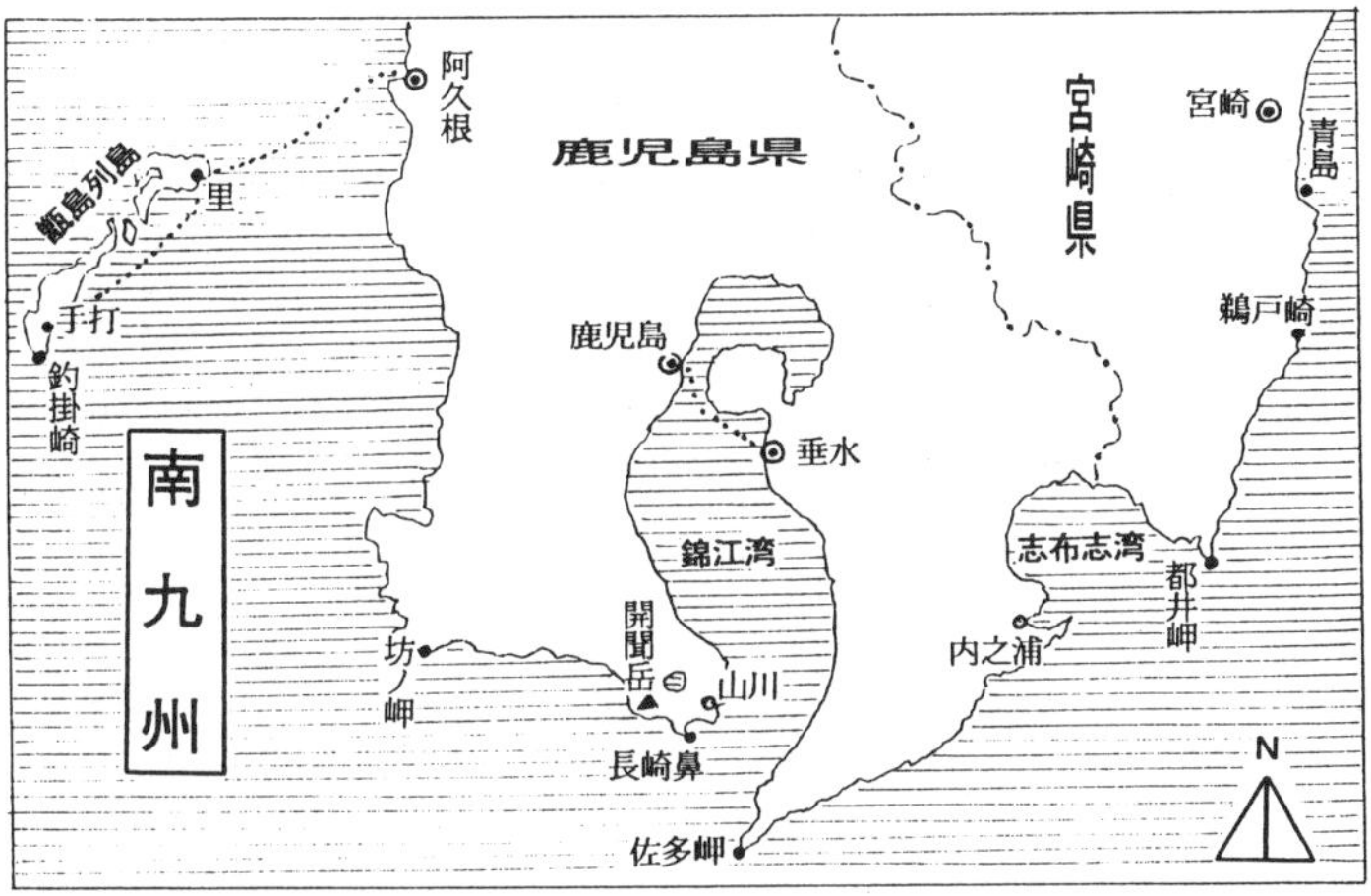

ので岬の国民宿舎に泊まった。

都井岬

佐多岬から大隅半島を北上し、宇宙ロケット基地のある内之浦へ。基地は波静かな内之浦湾を眼下に見おろす位置にあった。工事中の施設が大部分だったが、レーダー、発射台など重要な建物は完成していた。長さ六、七メートルのロケットもころがっている。交通不便な最はてに、大規模な基地を造ったものだと感心する。

基地の見学後、志布志湾岸沿いに串間市へ行く。都井岬へはバスの便があった。岬に着くと、降り出しそうなどんよりとした空。三十八海里も照らす東洋一という灯台を見学する。周辺には三千本のソテツが自生している。岩場で遊んでいると、野猿がたくさん出てきた。なれているのか人なつこい。サツマイモを洗って食べたり、海水浴をするので「文化ザル」の名がある。

七十頭余りの御崎馬《みさきうま》と呼ぶ野生馬は、牧柵で岬から出られないようになっていた。冬の間は現れないというが、幸運にも一頭だけ見ることができた。こぶりで頭でっかち、力は強いらしい。野生馬といっても、江戸時代初期に高鍋藩が、朝鮮系と大陸系の混血種の軍馬を放牧したのが野生化した。

青島

都井岬をあとに油津から鵜戸神宮《うどじんぐう》へ行く。神宮は岬の先端の海蝕洞の中に祀られていた。ここは豊玉姫上陸の地である。兄の釣り針を海中にさがしにきた山幸と結ばれた。孫《まご》が神武天皇で神話の世界だ。この地方では結婚すると新郎が花嫁を馬に乗せ、シャンシャン鈴を鳴らしながら神宮へ参拝する「シャンシャン馬」の風習があった。鵜戸崎付近の海岸は奇岩が多い。

鵜戸から日南海岸に沿って進み、百万本も植えられたサボテン公園に着く。公園を散策のあと青島へ向かう。途中の海岸は、干潮時に海面に現れる波蝕台の奇岩。波が互層の岩板を浸食したもので、とくに「鬼の洗濯板」は日南海岸の白眉《はくび》である。青島へは干潮時に波状岩が現れ歩いて渡れる。全島が二百種以上の亜熱帯植物でおおわれた、周囲一・五キロのビロウの小島だ。のんびり歩いて島を一周する。海ガモがたくさん泳いでいた。

七　大隅・奄美諸島

種子島

鹿児島港から種子島《たねがしま》行の定期船に乗る。外洋へ出ると右手に三島《みしま》の小島が見えてきた。三島村役場は鹿児島市にあり、島へ来たことのない役場職員もいるらしい。硫黄島は山が海に浮かんでいる感じ。俊寛が流された鬼界《きかい》ケ島である。海底火山の中央火口丘が海上に姿を現しているのだ。今も火山活動が激しく島の周辺は濁っている。

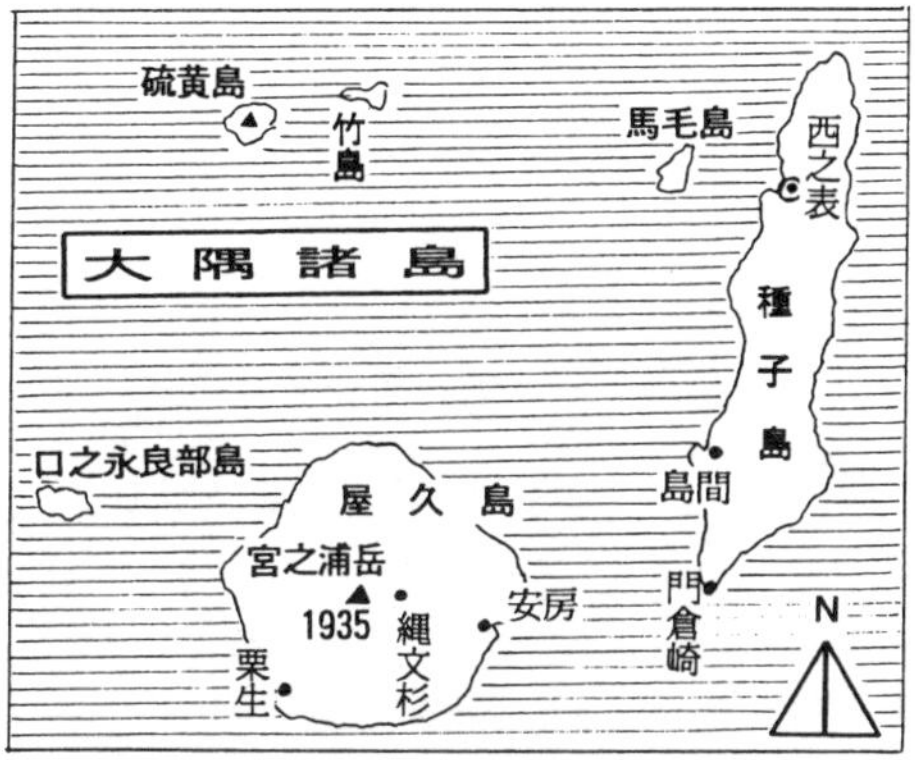

　南種子島の島間港沖に停泊、はしけで上陸した。高地のない平坦な島である。南端の門倉崎《かどくらざき》行のバスを待つ間、食堂の婦人と雑談。鉄砲伝来の岬近くで生まれたと言い、数日前に雪が降ったのを初めて見てびっくりしたそうだ。

　バスの終点から、乗り合わせた島の娘さんと門倉崎へ向かう。岬付近は一面のサトウキビ畑だった。刈取り中の農夫婦の写真を撮らせてもらう。まだ五十センチほどのキビ畑もある。冬も暖かいので一年中栽培しているのだ。食べ易く切ってもらい、しゃぶりながら岬へ行く。

岬からの展望を堪能してから天文十二（一五四三）年、ポルトガル人が上陸した崖下の海岸へおりた。草むらに隠れてちっぽけな記念碑があるだけ。気に入ったので今夜の宿はこの海岸と決めた。

バスで島の中心西之表市《にしのおもて》へ向かう。車窓からは山頂が雪でおおわれた、台形の屋久島が海上に浮かんでいた。

西之表の市内は、丘陵で囲まれた狭い地域に家屋が密集していた。鉄砲伝来の記念として造られた、若狭公園からは市街地が一望のもと。小さな馬毛《まげ》島がよく見える。馬ではなく牛や鹿がいるということだ。

種子島南端の門倉岬

屋久島

種子島と屋久島を結ぶ定期船はない。一度鹿児島港へ戻り、一月十二日屋久島の安房《あんぼう》へ渡る。百山登山最後の宮之浦岳は豪雪のため断念した。小杉谷荘の主人に教えてもらった、樹齢四千年の「縄文杉」まで深い雪の中を登り引き返す。昨年発見され、今年元旦の南日本新聞に初めて紹介されたおばけ巨杉だ。島では知っていた者もいたようだが、まだ見た人はわずかだろう。

自生で樹齢一千年以上を「ヤクスギ」とよぶ。特色は栄養のない土壌のため育ちが悪い。そのため年輪が詰まっている。本土と同じ杉なのに寿命が長く、脂肪があり腐りにくい。古木の多くは縄文杉のように、ごつごつして不格好で杉らしくない。すじおの良い杉は伐採されて切り株だけ残っている。代表的なものに、江戸時代に切られたウイルソン株がある。

安房からバスで南端の栗生《くりお》に向かう。車窓から見る民家の庭先には、カジュマルをはじめ亜熱帯植物が茂る。畑ではサトウキビの取り入れ中だった。栗生に近づくと、前方の海上に口之永良部島が見えてきた。栗生の海岸は、海亀の産卵地として知られている白い砂浜が続いていた。数名の子供たちが、砂に描いた円の中で相撲をとっていた。浜にテントを張ったが夜半から風が強まる。テントは激しくゆれ、海鳴りがすさまじく眠れぬまま朝になった。

屋久島　日本一の巨杉（縄文杉）

天気は回復せず暗雲が迫り、とたんに氷の塊が勢いよく降ってきた。大きな雹《ひょう》だった。たちまち辺り一面が氷で白くなった。荒れ模様の天候はおさまらず、鹿児島行の便は欠航した。島に登頂断念の未練を残しつつ、翌日鹿児島行に乗船した。

九州最高峰。一九三五メートルの宮之浦岳登頂は、六年後の昭和四十七年八月に実現した。テント持参の新婚旅行だった。

奄美大島

奄美諸島へは鹿児島港から順に大島、徳之島、沖永良部島と寄港しながら、日本最南端の与論島に向かうので便利だ。

船は奄美大島の名瀬港で荷下ろし後、加計呂麻《かけろま》島との間の大島海峡へ入る。天気は上々波も穏やか。海峡の景色をながめている間に南端の古仁屋《こにや》に入港した。街を歩いていると映画の始まるベル。つられて入ってしまった。映画館を出るとすでに夕暮れ。街中ではテント場がない。海岸へ出て、崖下の岩陰にわずかの平地を見つけた。テントに入ると砂や小石がザラザラ落ちてくる。見あげると、今にも落ちそうな岩が突き出ていた。

不安な一夜が明け、無事だったことに感謝する。湯湾行のバスを待つ間、裏山のパイン農場を見学。パイン畑は、古仁屋港が一望できる斜面に広がっていた。実の着いている株とない株があり、農園の人にたずねてみた。「パインの収穫は夏と冬で、いま実のある株は夏には成らぬ。同じ種類でも成る株が、夏と冬とに分かれてしまうんだよ」。見学後街へ出て本を買うと定価より四十円高い。島では船の運賃が加算されていた。

湯湾岳に登り百山登頂をすませ、名音《なおん》に出て海岸沿いを名瀬市へ向かった。

喜界島

乗客三人を乗せた「くれない丸」は、名瀬港から三時間ほどで喜界島《きかいしま》へ着く。ペリーが「クレオパトラアイランド」と呼んだ島には、為朝伝説や平家の落人伝説が残る。俊寛の墓もあるが、彼が流されたのは大隅諸島の硫黄島だ。

役場で島の要覧をもらう。島はサンゴ石灰岩が堆積した台地で、周囲四十八キロ、人口一万余人。一島全部が喜界町になっている。小さな島なのに商店街がある。産業は漁業の他

にサトウキビ、サツマイモの畑作が中心だ。塩見の海岸でキャンプをする。

翌日は伊実久でバスを降り、島の高所百ノ台をめざす。登るにしたがい海岸線が見えてきた。付近の草原は牛の放牧地である。島の最高点二百二十四メートル、百ノ台の展望台に立ち、青い海をじゅうぶん眺めてから中間へと下った。

徳之島

大きなうねりの中、はしけは徳之島の亀徳港へ入る。古くは遣唐使の寄港地で、大戦中は特攻隊の出撃基地にもなった。島西方の沖合で戦艦大和が撃沈された。

北回りで島の一周に移る。婦人たちは「テルカゴ」と呼ぶ竹籠の帯を、ひたいに回して背負っている。便利な籠のようだ。小さな製糖工場からは、甘ったるい糖の香りを潮風が乗せてきた。

今夜の宿のユースホステルは、ヘルスセンターが兼ねていた。手入れの良い広い庭があり環境がすばらしい。従業員のおじさんと芝に腰をおろし、暗くなるまで島の話を聞く。「冬のハブは畑に小さいのがたまにいるぐらい。夏になるとたくさん出てくるんだよ。木の上で尻尾の先を動かし、餌と間違えて近づいた鳥を捕えてしまうんだ」。

ユースには、上山君という若い画家のたまごが居候をしていた。「泊まり客は二十日ぶりだよ」と言って喜ぶ。一緒に風呂へ入ったあと、彼の部屋で夜遅くまで過ごした。彼は島に流れ着いたヤシの実を材料に、細工物に情熱をそそいでいる。おもにアクセサリー類だが、将来はウクレレを作り、「ヤシレレ」として売り出したいそうだ。近くの浜で見つけた「メクラヘビ」も飼っている。砂に潜っているので発見がむずかしく、十センチほどの世界一小さな白蛇だ。小さい舌をペロリと出すので、どちらが頭か判断できる。

翌日は金見崎へ向かう。一時間ほど歩き、金見崎の集落から浜へ出て海岸伝いに岬へ行く。波で浸食された岩礁が露出し、海上には奄美大島が浮かんでいた。ソテツのトンネル道を通って展望台にのぼる。岬の周辺は赤い実をつけた大きなソテツばかり。実は食用として島では重要視されている。

再びソテツの道で手々の集落へ行くと、ムシロゼ行のバスが来た。日に上下あわせて三本の運行。よほど運が良くなければバスには巡りあえない。運転手はのんきに、サトウキビをかじりながらの片手運転だ。サトウキビは奄美諸島一の生産を誇る。ムシロゼは島の最北端の勝景地。畳状の巨岩が海へせり出し、強風にあおられた大波がはげしく打ち寄せる。波頭は十メートルにも達した。豪快な景観はいつまで見ていても興奮を覚える。

サトウキビ畑で一夜を過ごし、断崖の犬《いん》の門蓋《じょうぶた》にきた。野犬を海へ投げ入れた伝承がある。今日も風が強く、断崖にくだける大波は猛り狂っていた。しばらく潮風を受けてから瀬滝の道端で休んでいると、テルカゴを背負った婦人が近づいてきた。東京からきたと告げる。「うちの倅《せがれ》も東京にいるんだよ、元気してるかなあ」。しきりに懐かしがった。そのうち若い巡査が、バイクを止めて尋問してきた。

すぐに旅行者とわかり、親切に島の安全事情を話してくれたあとだった。「風葬跡《ふうそうあと》へ案内してあげるからバイクに乗りなさいな」

リュックを背負ったまま、バイクの後ろにまたがると走り出した。島の人は捕まったのかと振り返って見るし、おまけにガタガタ道。乗り心地はあまり良くなかった。風葬跡は大きな岩陰の下にあった。記念にドクロを持ち去る人がいるので、今は鉄格子のあるコンクリートの棺に、二百ほどの頭骸骨が納められていた。見学のあと再び、犬田布《いぬたぶ》岬に近い糸木名集落まで乗せてもらった。

サトウキビ畑をぬけて岬へ行く。付近は一面の芝地で、岬の先端は波で削られた岩礁がむき出しの肌をさらしていた。海上からの強風で飛ばされそうだ。岩にくだけ散る波しぶきは三十メートルにも舞いあがり、打ち上げ花火を見ているようだった。翌日は伊仙から喜念浜で三時間ほど波を見て過ごす。島一番の亀津の街を散策後亀徳港へ向かい、波の見物で終始したような島の一周を終えた。

沖永良部島

沖永良部島《おきのえらぶ》の和泊港に着き、知名の役場でパンフレットや地図をもらう。島はサンゴ礁の石灰岩で周囲五十キロ。石灰岩のカルスト地形が発達し、いたるところに鍾乳洞のあることがわかった。長さ二キロに及ぶ、最大の昇竜洞の見学をすることにした。

洞内は鍾乳石や石筍《せきじゅん》がキラキラ輝き、大理石の宮殿にいるようだ。今まで多くの洞に入ったが最高の感動だ。洞内見学のあと、田皆《たみな》岬へ向かう途中で雑貨屋へ入る。腰を曲げ曲げおばあさんが、愛想よく出てきた。「上がって休んでいきない」とお茶をすすめる。家族は漁に出て一人で店番をしているとのこと。昼食をごちそうになってしまった。帰りにアンパンまでいただき再び田皆岬をめざす。

畑には十センチほど伸びたユリが一面に植えられていた。「永良部ユリの花」として知られ、年間千五百万の球根を生産。おもに欧米へ輸出している。サトウキビと共に、貴重な収入源で宝の花である。溜池がいくつかあり水田も少しやっている。他にはサヤエンドウやサツマイモなど、作物の種類は多いようだ。

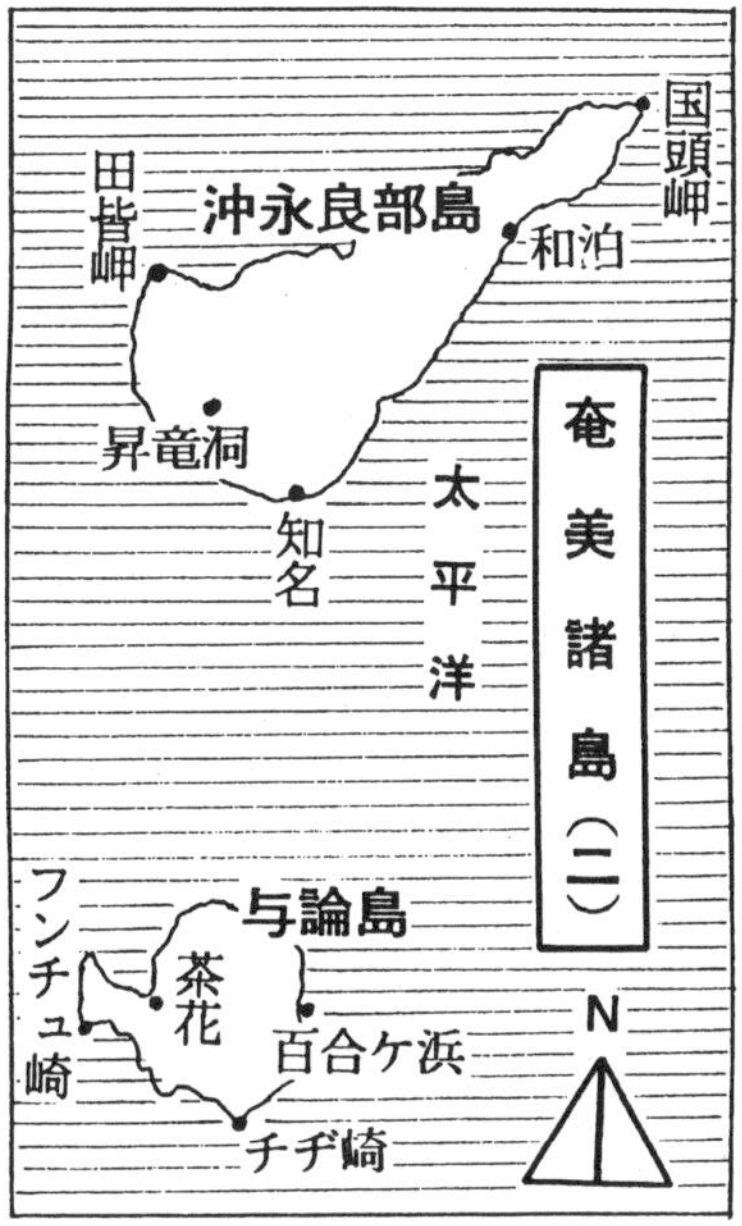

田皆岬への道は遠かった。ようやく岬の大理石採掘場へ着く。岩石塁々たる断崖に、荒波が轟音《ごうおん》と共に打ち寄せていた。岬の草原に寝転び青い海と空を見ていると、時はゆったり流れてゆく。翌日、島最北端の国頭岬《くにがみ》の砂浜にテントを張った。

与論島

沖永良部出港から二時間後の午後十時、船は与論島《よろんじま》の沖にイカリを投げた。サンゴ礁の海は浅く、船は島へ接岸できないのだ。ハシケに乗ったのは十五名ほど、旅行者はわたし一人だった。月の光で海面を見ると海底が透けていた。あまりのきれいな海水に驚愕《きょうがく》した。午後十一時、ハシケは静かに島の茶花港へ入る。

早朝茶花の浜辺へ出ると、しかけた網を積んだ漁船が着いたところだった。赤、青、黄など、交通信号のような原色の魚が網にかかっていた。大きなサメ二匹、一メートルの大イカには目を見張った。漁師はすぐに魚をさばきはじめ、イカの墨で近くの海水は真っ黒。イカの厚みは三センチ以上あった。しばらくすると、おばさん達が買いにやってきた。漁師はやぶいたセメント袋に魚を包み、むぞうさに渡していた。

周囲十五キロの島一周に出発。浜沿いに歩きはじめると木造の役場前に出た。日曜日だったが三人ほどの職員が詰めていた。島の様子を聞いたあと、要覧や地図などをいただく。

島の婦人たちは品物を頭にのせて歩いている。見知らぬ旅行者なのに先に挨拶してくれる。ヤシやパパイヤの木陰に、キノコ型のわらぶき屋根の民家が点在していた。真冬だというのに日射しは強く、少し歩くだけで汗びっしょり。今日は特別かと思い島民に聞くと、いつもこのくらいの暑さだという。

島一周の道を、三分の一ほど回ったところで海岸へ出てみた。小さい島にしては広々とした純白の浜が続いていた。干潮のときは、沖に「百合《ゆり》の浜」という砂地が現れる。海へ入ると海底は、一面のサンゴ礁のかけらで足が痛い。暖かいので熱帯魚と一緒に泳ぐ。南海の島とはいえ、真冬に海水浴ができるとは思わなかった。今夜は砂浜で最高のキャンプ。海水で米を炊いて食べた。日本最南端のチヂ崎付近は、岩礁あり浜辺ありで、ごみ一つ落ちていない浄土。まだ日本復帰のかなわぬ沖縄島がかすんでいた。一時間半ほど岬で遊び琴平神社のある高台へのぼる。九十八メートル島一番の高所からは、島全体の円い海岸線がぐるり見渡せた。沖合四、五百メートルの海上には、島を取り囲むサンゴ礁へ波がくだけ散っている。この堡礁《ほしょう》のおかげで島の海岸へは、波がほとんど打ち寄せてこない。

丘陵を下り中学校を訪問した。離島振興の適応を受けた校舎は、モルタルの立派な建物だった。男女とも素足で、南国らしく健康的ですがすがしい。給食がすむと生徒たちは靴もはかず、そのまま校庭へ飛び出した。女子も裸足でかけ回っている。始業のチャイムが鳴ると足も洗わずに教室へ戻った。

帰りに茶花の教育委員会へ寄り、島の教育の様子を聞く。中学生の進路は進学と就職が同じぐらい。進学者は奄美大島や鹿児島の高校へ。就職者は東京その他の内地へ出てしまう。「高校もなく、製糖工場一つだけの島じゃぁやむを得んよ」。

西海岸のフンチュ崎でカニと戯れてから、大島紬《つむぎ》を織っている家内工場におじゃまする。昔ながらの機織機で「カタコトカタコト」紋様のついた美しい布を五、六名の婦人たちが織っていた。

与論島の子供達（男女ともはだし）

三年ほど前にできた製糖工場は島で唯一の企業である。川のない島では米が作れず、農産物はサトウキビだけ。採算はとれないが政府の保護のもとに運営している。トラックに積まれたサトウキビが、次々工場内に運ばれてくる。これから二月にかけて収穫の最盛期に入るという。主任の方に説明を受けながら、工場内を案内していただく。サトウキビ四百トンで、十二トンの砂糖が製造されるとのことだった。「工場のおかげで島の生活はいくらか楽になったねぇ」。

夜は工場近くにテントを張り船の入港を待った。午後十一時過ぎ汽笛が鳴ったので、荷をまとめ茶花港の桟橋へと夜道を急いだ。うしろから来たバイクに乗せてもらい桟橋へ着く。荷物の積み下ろしで手間どり、出航は午前四時だった。

八　四国・東海の岬

佐田岬

奄美諸島巡りを終え鹿児島へ戻る。四国に渡るため別府港へ向かう途中、佐賀関の大エントツを見に出かける。日本一だけあり、近づくと天を突き抜けるほどの高さ。百六十メートルもある。別府地獄巡りのあと、四国松山行に乗船。七十五日間の九州の旅が終わった。

佐多岬半島　岬へ至る道

二月十五日、松山市から大洲《おおず》市へ行く。市内を散策していると雪が舞い落ちてきた。大洲城へ向かったが一段と激しくなったので、そうそうに城址をあとにする。目も開けられぬ吹雪に変わり、体中が真っ白になった。南国の四国で、こんな目にあおうとは。翌日、佐田岬へ行くため八幡浜市へ入った。

バスは佐田岬半島の三崎港へ向け

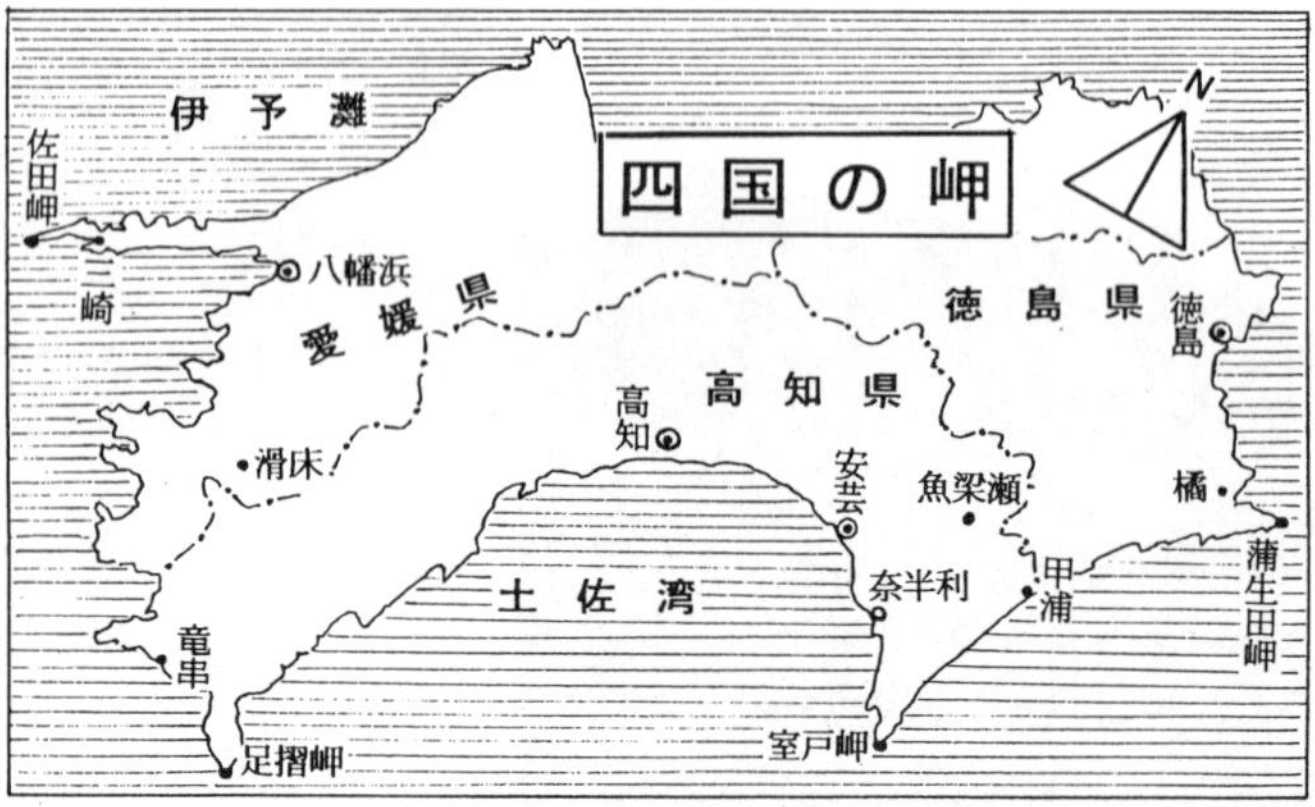

て出発した。道路は狭くバス一台でいっぱい。半島の南岸を走る車窓からは、次々に島や岬が現れて目を楽しませてくれる。「岬十三里」の言葉があり、三時間半も揺られ、バスから降りると夕闇がせまっていた。

翌朝、三崎から小船で串正野港まで四十分ほど乗船する。乗客は八人の仕事衣の婦人たちと、赤子をつれた女性だけ。船がポンポンと港を離れると、おしゃべりをしながら作業着や手袋などのつくろいに余念がない。若い男は地元に残らないので、道路工事などの力仕事も婦人たちだ。男顔負けにツルハシを振り上げる活力には感心する。

正野から岬の先端めざして半島南岸沿いの道を行く。しばらくすると、狭い半島の中央部の細い山道に変わる。展望がよく一度に左右の海が見える。ただし強風が吹くと、大人でも飛ばされるので這《は》って進むそうだ。民家は防風石垣の中に隠れ、急斜面にはミカン畑が多い。一時間半ほどで岬先端の白亜の灯台が見えてきた。

岬から海をながめると、豊予《ほうよ》海峡をへだてて佐賀関の大エントツが見えた。「速吸瀬戸《はやすいせと》」の名に恥じず、白波を立てながら渦巻状の潮が瀬戸内へ速やかに流れていた。江戸時代は「御鼻《おはな》」と呼ばれ、船が座礁する難所だった。戦時中は、要塞地帯として立入禁止になっていた。その海岸の岩場へ降りる。灯台は断崖の上にそそり立っていた。

佐田岬半島は地図で見ると、平坦な砂州が細長く伸びているようだ。実際の海岸は、両側とも切り立つ急斜面が海へ落ち込んでいる。佐田岬は最大幅六キロ、五十二キロも海に突き出た半島の先端、「これが本当の岬だ」という感を深くした。

足摺岬

滑床《なめとこ》渓谷の探勝を楽しんだあと、京都の三人娘と鹿島へ渡る。波が荒く、海中へ放り出されそうになる。きれいな海水が救いだった。翌日は宿毛市から、海岸美のすぐれた大堂海岸へ。さらに明大の学生と竜串《たつくし》、見残《みのこ》しの海岸で遊び、四国最南端の足摺《あしずり》岬行のバスに乗る。

岬名はお遍路さんが足を摺りへらして岬の札所へたどり着くから。補陀落渡海《ふだらくとかい》の僧を見送りながら、岬で足摺りをしたとも。補陀落とは、南海の果てにあるという観音浄土。少量の食料と水を積んだ小舟に封じ込められたまま、沖へと向かう死への旅立ちだった。田宮虎彦の『足摺岬』で有名になり、訪れる人たちが増え一時期は自殺者の名所にもなった。

高さ八十メートルの灯台は大正三年に点灯、昭和三十五年に改修されている。スマートなロケット型の体型は、全世界へ平和を運ぶ願いが込められている。付近はツバキ、ウバメガシ、タブノキなどの常緑樹が密生している。打ち寄せる黒潮は柱状の海食洞を作っていた。一緒に岬の大観を堪能していた団体客はホテルへ。学生たちは四国霊場、札所三十八番の金剛福寺の宿舎へと散った。一人残され寺の前の空地で幕営だった。

室戸岬

高知市から安芸《あき》市へ出て、横山元茂さん宅を訪問する。突然の来訪にもかかわらず家族ぐるみで迎えてくれた。横山さんとはわたしの高校時代から、大相撲を通してのペンフレンド。子供のころ横綱玉錦が当地へ巡業に来たとき、その胸にぶつかったという体験の持ち主だ。

夜は炬燵《こたつ》にあたりながら、三人の娘さんも交えた雑談が夜ふけまで続いた。アルバムには、以前送ったわたしの写真が貼ってあった。娘さんはいずれも美人ぞろい。清楚な感じの長女はすでに勤めており、活発そうな高校二年の次女は、体格もよく陸上競技の選手。中学一年の末娘は、おっとりとして物静かである。三人三様、みんな素直そうな娘さんだ。静寂な夜半は、横山宅から海岸まで三キロも離れているのに、黒潮の波の音がよく聞こえた。安芸は「青い月夜の浜辺には……」で知られる『浜千鳥』の弘田竜太郎生誕地である。

今日は一日、横山さんに付近を案内してもらうことになった。歩いて街へ出る。カワラ屋根が目につく家並みで、城下町の雰囲気さえある。郊外のビニールハウスでは、キュウリの促成栽培が盛んだった。一度家に戻り、車に乗りかえて三菱財閥の祖、岩崎弥太郎の生家を見たあと、南国市方面へ車を飛ばし玉錦の墓へ。

引き返して、杉の美林として知られる魚梁瀬《やなせ》へ走らす。右下に巨大なロックフィルダムが見えてきた。さらに上流へ進み千本山の麓へ着く。見渡す限り全山が杉の美林だった。帰りは奈半利《なはり》の街に出てから室戸岬へ向かう。岬までは松林の間から、岩礁と海をながめる楽しいドライブだった。

室戸岬にて　横山さんと

室戸岬は海岸段丘の先端が海中に落ち込み、波打ち際の大岩に荒波が打ち寄せていた。地元では岬を「お鼻」と呼ぶ。岬一帯は亜熱帯性植物の北限地で、国の天然記念物に指定されている。台風の銀座通りとしても知られ、昭和九年の室戸台風は史上最大だった。横山さんの走り去る車をさびしく見送り、段丘上に立つ灯台への道をのぼった。江戸時代まで「天狗松」の巨松が航海の目印だったが、伐採されて灯台が建てられた。

蒲生田岬

室戸岬での一夜を過ごし、甲浦《かんのうら》をへて蒲生田《かもだ》岬へ向かう。橘《たちばな》駅前の雑貨屋で岬近くへ行くバスの様子を聞く。そばで買物をしていた婦人に、「これから主人とセメントを積んだ船で岬へ行くんで、よかったら一緒にどうぞ」と言われた。これぞ渡りに船である。

セメントと共に小船に乗り込む。地元の婦人と子供三人も同乗した。「トットットッ」小さなエンジン音を発てながら出港。一番後ろに座っていると、しだいに波が荒くなりしぶきがかかる。船は左右にゆれ始め海に投げ出されそう。スリル満点より怖さが先だった。

一時間ほどで船着場に着く。下船して丘を越えると、人影のない蒲生田集落があった。風が強いので、どの家も防風林に囲まれている。松林の間からは岬の無人灯台が見えていた。赤海亀の産卵する砂浜を通り灯台へ行く。産卵は六月から九月ごろなので、浜にテントを張った。

蒲生田岬は紀伊水道をはさみ、和歌山の日ノ岬と対峙《たいじ》している。岬の東方海上に前島、伊島などが浮かぶ。伊島は磯釣り場として知られる。岬から椿のバス停まで十キロあった。小さな入江に集落がある他、畑や家一軒ない道だった。バスで橘駅へ出て、徳島港から神戸行に乗船して四国を離れた。

紀伊半島の岬

大阪から紀伊半島を南下、紀伊水道に突き出た日ノ岬をめざす。途中のアメリカ村には洋式ハウスが数軒あった。当地は明治時代から北米への移住者が多かった。移民帰りの家族は、住居や生活様式までアメリカ風である。

日ノ岬は「日ノ御埼」とも書く。岬の高地を日山《ひのやま》と言い、王朝時代は狼煙場《のろしば》だった。なだらかな斜面の先端に立つ灯台は、四国の蒲生田岬の灯台と共に、紀伊水道の船舶の安全を担っている。

潮岬《しおのみさき》へ行く途中、道成寺の和尚さんから寺にまつわる楽しい法話を聞く。本州最南端の潮岬は、高さ八十メートルの隆起海食台が砂州でつながった陸繋島《りくけいとう》である。串本はその砂州に発達した港町だ。台地の先端には明治六年点灯の一等灯台が立つ。灯台構内にある大ソテツが、南国的な風情をかもし出していた。

『串本節』で知られる巡航船《じゅんこうせん》で大島へ渡る。島は江戸と大阪を結ぶ帆船《はんせん》の風待港として栄えた。汽船時代になり、小漁村だった串本に繁栄を奪われた。海岸の丘に登って展望を楽しむ。橋杭岩《はしくいいわ》が二十基ほどみごとに連なっていた。

勝浦から那智の滝を見学後、遠州灘と熊野灘とを分けている志摩半島の大王崎《だいおうざき》へ。戦国時代には、九鬼《くき》水軍の波切城が築かれていた。九鬼氏は文禄慶長の役などに水軍の将として活躍した。昔から沖合は「だんだら法師」という鬼が住み、船の墓場として恐れられていた。岬名も風が吹くと、大王様のような大波が船を襲うからという。「……波切大王がなけりゃよい」俗謡にもうたわれた。昭和二年初灯の灯台は第二次大戦中、機銃掃射《きじゅうそうしゃ》の目標にされた。

岬から展望を楽しみ、今夜の幕営地の安乗崎《あのりざき》へ行く。江戸時代には灯明堂や船番所が置かれ、必ず廻船が寄港していた。古い文化も残り、人形芝居の安乗文楽は知られている。

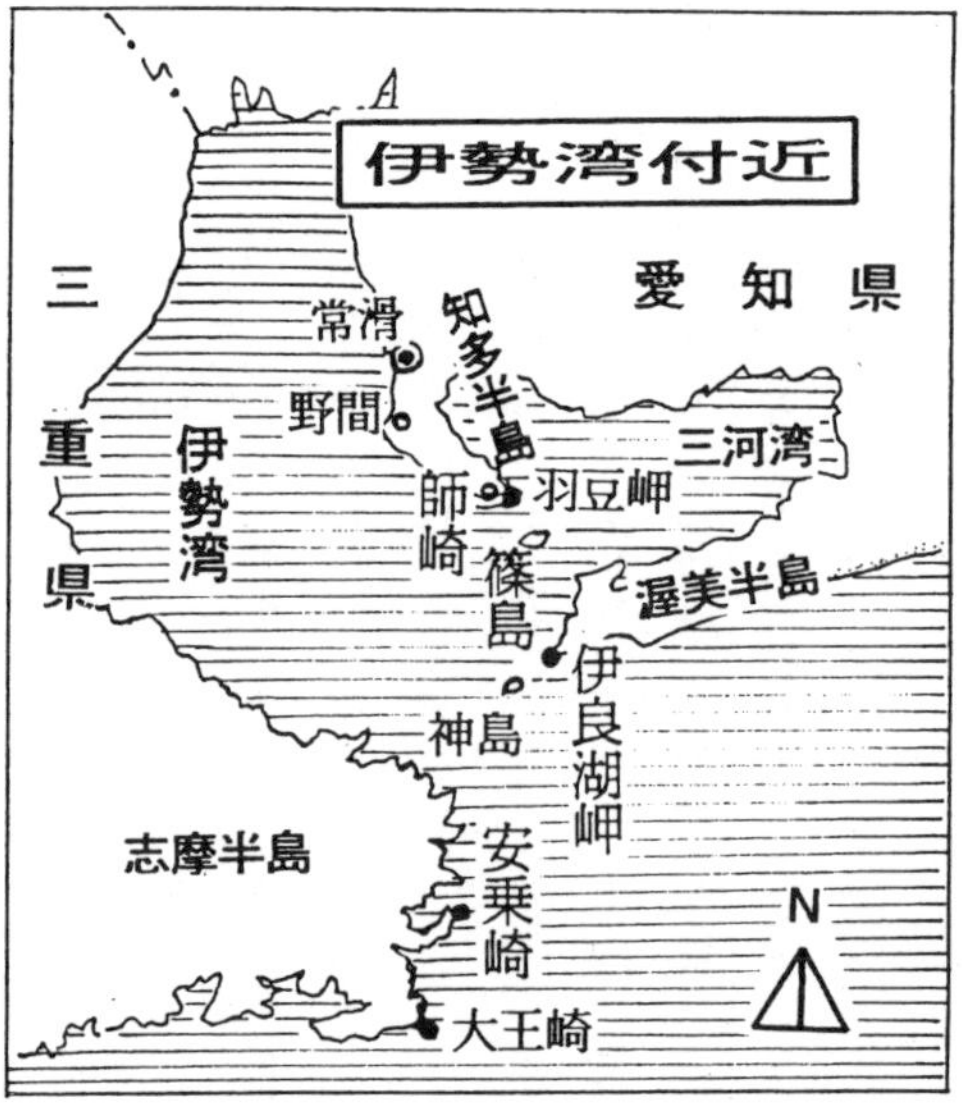

師崎

知多半島の外海をながめつつ、ドカンの町常滑《とこなめ》市へ着く。続いてバスで「野間の大坊」と呼ばれる大御堂寺へ。白鳳時代に創建された古刹《こさつ》である。平治の乱で敗れた源義朝は、長田忠致《おさだただむね》を頼り当地へ落ちのびてきた。ところが謀略《ぼうりゃく》にあい風呂場で殺害された。「せめて木太刀にてもあらば」。大御堂寺の義朝の墓には、木太刀がうず高く積まれていた。良縁、受験などの人たちは木刀を供えて祈願するのだ。

半島先端の師崎《もろさき》は少し俗化していたが、最南端の羽豆岬《はずみさき》はウバメガシの密生した自然が残っていた。三河湾の入口にあたり、潮の流れが早く、「日本三大海門」と言われる。前方には篠島、佐久島、日間賀島の「三河三島」が浮かぶ。

江戸時代の師崎は尾張藩の船奉行の根拠地で、タイ、クジラなど付近の漁業権をにぎっていた。

現在も帆船漁業や揚繰網漁業にたよっている。師崎から篠島へは二十分の乗船だった。家が密集していたが、一つ丘を越えると自然のままの海岸が待っていた。篠島の周辺は小島が多く「東海の松島」と呼ばれている。

伊良湖岬

篠島から渥美半島の福江港へ向かう。船は半島から突き出た砂州をまわり入港した。港から先端の伊良湖岬《いらこざき》は近かった。山が海岸まで迫り、断崖下の灯台へ直接波が打ち寄せていた。沖合は船の難所である。

「阿波の鳴門か銚子の口か、伊良湖渡海の恐ろしや」

伊良湖岬灯台

岬へは万葉の時代から文人が訪れている。芭蕉は「鷹一つ見つけてうれし伊良虞岬」の句を残した。昔から現在まで鷹の一種サシバの渡りの地である。明治三十年に柳田邦男は、流れ着いたヤシの実を拾った。友人の島崎藤村がこの話を聞き、『椰子の実』の歌が生まれた。岬の沖に浮かぶ神島は三島由紀夫『潮騒』の舞台になった。

東海道線に出て袋井駅から最後の目的地、御前崎《おまえざき》行のバスに乗る。

御前崎

御前崎は農地が少なく、おもにカツオの遠洋漁業で生計を立てている漁村。岬の沖合は暗礁が多く船の難所である。寛永十二(一六三五)年、幕府は植物の種油を燃やす木造の灯明堂を建てた。明治四年ガラス張り、明治七年に西洋式灯台になる。日本で二番目のレンガ造り灯台だった。灯台下の岬でぼんやり、大海原に沈む夕日をみていた時である。「白い船が通らなかったかい」。突然うしろから声がした。振りむくと老人が立っていた。今日の夕刻に息子のマグロ漁船が、はるばる南太平洋から帰還する日だという。二百トンの小型漁船だが、船の建造から器具、漁具を取り付け、完成までには一億五千万円もかかったそうだ。「はえなわ漁業は船から六十キロの荒縄を流し四、五十メートルおきにサンマを刺した針をつけるんだ」。自慢げに話した。まだそれらしき船は見えない。夕日にそまる荒波が激しく浜へ打ち寄せるのみ。老人は続けた。

「ここの岬は風が強く昔から船の難所でねぇ。あすこに打ち上げられてる漁船も暗礁に乗り上げちまったんだ」

話ではある漁師が操業を止め、東京で商売をしようとした。土地家屋を売り払い家財道具を漁船に積み、一家で出航したが岬沖で座礁してしまった。幸い近くの船に救助されたが、全財産を失ってしまった。

「あんたも物好きに、えれぇ辺ぴな所へ来たもんだ。ところで今夜の宿はどこだい。なんだったらわしの家にこんかね」

すでに辺りは薄暗く灯台にも灯がついた。海鳥も去り、打ち寄せる波の音だけが重く耳に響く。明日は三月六日、三百三十日間の旅を終える。

「春の岬旅のをはりの鴎《かもめ》どり　浮きつつ遠くなりにけるかも」三好達治

野宿旅のすすめ　——あとがきに代えて

「家にあれば笥《け》（食器）に盛る飯《いひ》を草枕、旅にしあれば椎《しひ》の葉に盛る」（万葉集巻二）　万葉の時代から旅の代名詞は「草枕」である。昔の旅は野に伏しながら不便で辛いものだった。

「旅」とは日を重ねて遠くへ行き、異なる環境に身を置く日常生活からの脱出である。そこには解放、発見、危険も待っている。普段の生活とあまり変わらぬ旅では印象は薄い。生活レベルより上下の差が大きいほど、強い感動が得られるだろう。日本は物と情報にあふれた成熟社会である。現代の旅の多くは観光旅行に代表される、不自由の少ない楽で快適なもの。昔のような辛い旅は強く意識しないとできない。四国の「歩き遍路」が静かなブームなのも「きつくて遅くて不便」なことが、豊かな生活に慣れた現代人の心身を癒し、活力を与えてくれるからだろう。

江戸時代の長旅で、思い浮かぶのが松尾芭蕉であろうか。『奥の細道』では六百里（二千四百キロ）、百五十日間の漂泊の旅だった。旅の達人と思われているが、安全な主要街道を曽良との二人旅。唯一の困難は出羽三山の月山登山、相当の覚悟でやっと登った。急ぐ時は日に十二里（四十八キロ）歩いたというが、一日平均では十六キロ。知人、弟子宅へ逗留して句会などを開いている。伊能忠敬の全国測量旅行は有名だが、菅江真澄の調査旅行も長年に及んでいる。二十八才から二十年間全国を流浪後、秋田領内に落ち着いた。晩年は秋田の藩内をくまなく巡り地誌、民俗の取材に没頭した。

近代以降では『遠野物語』の柳田国男、『旅する巨人』宮本常一などが民俗探訪の代表的旅行者である。海外への冒険旅行家では、厳冬のマッキンリーに消えた植村直巳だろう。『青春を山に賭けて』では、管理されない自由気ままな旅を謳歌している。グリーンランドや北極圏の犬ゾリ旅行は資金援助、取材攻勢、監視衛星などで使命感が先立ち、気苦労な旅だったに違いない。関野吉晴氏は人類発祥地のアフリカをめざし、南米チリ最南端から出発。約三千日をかけ、自力だけでタンザニアに着いた。三十五ケ国、五万キロ。足かけ十年の「グレートジャーニー」だった。三浦雄一郎氏は、七十歳の世界最高齢でエベレストに登頂した。平成十五年十月、「二本足歩行は人間だけが持つ能力の原点」との公演後、聴講者と一緒に秋の秩父路を歩いた。

ひとは流浪、漂泊の旅に憧れを持つ。ロマンを感ずるからであろうか。裸の大将やフーテンの寅さん、いつまでも人気が高いのも頷ける。わたしも若いころから「さすらいの旅」を夢みていた。学生時代の自転車無銭旅行や徒歩旅行では、あてもなく関東甲信越を巡った。それでは物足りなくなり、卒業後は「青春の旅」で日本全国を放浪した。

人類も初めのころは飢えと戦い食料を求め、野宿をしながら歩いて移動したのであろう。これが旅の原点と思われる。「こんな困窮旅行をしてみたい」と夢を抱きつつ定年を迎えた。幸いにも「青春の旅」から三十五年後、テントを背負い全国を歩いて一周する「老春の旅」に出ることができた。

日本一周は回り方により距離がかなり異なる。本州、北海道、九州、四国の海岸を忠実にたどれば、地球半周ほどにもなるだろうか。「青春の旅」では交通機関も利用して山、岬、島などを三百三十日間一日も休むことなく巡り、距離だけなら二万キロぐらいだった。「老春の旅」では百七十七日間で六千六百キロほど踏破したので、一日平均三十八キロ歩いたことになる。主に山間部の峠越えが多かった。

「宗谷岬、納沙布岬、平戸島、佐多岬を通り、間を置かず一度に回らねば一周したことにはならぬ」。こんな厳しい考え方もあるが、それぞれ自分流の一周があってもよいと思う。最近は奄美、沖縄の島々を含めて日本を一周する人も現れた。

使用のテント（紋別市の渚滑川河原にて）

次は徒歩の野宿旅、自己流の心得十ヶ条である。
・計画、日程は大まかに。（臨機応変で自由に行動）

途中の変更は自在にして観光目的地を定めない。旅の最大魅力、開放感を十分に味わえる。

・下調べは程々に（確認・納得の旅にしない）

先入観を除くと、思いもよらぬ感動に出会い得をした気分になる。

・荷物の軽量化をはかる。（必要と思われるものも除く）

荷物は極力省き総重量六キロ余りに押さえる。荷が重いと転倒し易く大怪我のもとになる。軽ければ背負っている感覚がなく疲れない。一例として、衣類は身につけているだけ。洗濯は天気の良い日中、よく絞ってそのまま着る。日差しと体温ですぐ乾く。例外は、天気予報と大相撲を聞くための通勤用携帯ラジオ。童謡歌集。

・金は必要最小限に。（金銭の工面が喜びに変わる）

「老春の旅」では費用総額三十五万円、一日平均二千円の予算で工面した。郵便局は田舎の村にもあり、郵便カードを持参する。

・早寝、早起き。（日の出と共に歩き始める）

夏は朝夕の涼しいときに距離を稼ぎ、日中は休みを多くとり体力の消耗を防ぐ。夜は電気がないので早く寝る以外にすることがない。

・迷うことをいとわない。（ハプニングが印象に残る）

時間のロスを旅の一部と考え気にしない。危機・緊張感が旅の醍醐味でもある。

・地元の人に挨拶をする。（話のきっかけが出来、思わぬ情報が得られる）

知っている道でも聞いて会話の糸口をつかむ。歩いていると話しかけられる場合が多い。
・空腹、渇きを楽しむ。(飲食時の期待感がふくらむ)
田舎道では一日中食料が手に入らぬ時がある。食堂に出会った時の喜び。
・幕営は目立たないところに。(山より都会、熊より人が怖い)
一畳の平地があればどこにでも張れる。ただし人目につかぬ場所を選ぶ。公園は芝があり快適だが夜中にも人が来て危険。地元の人に気を使わせぬように翌朝は早めに撤去する。
・感謝の気持ちを表わす。(飛ぶ鳥あとを濁さず)
幕営地にはごみを残さず清潔にして去る。一晩無事に安眠できたことに感謝し、出立のとき幕営地に向かい二拍一礼する。環境のよい幕営地での一夜は高級ホテルも顔負け。

「金があるときゃ暇がない、暇があるときゃ金がない、とかくこの世は儘《まま》ならぬ……」。坂本九ちゃんの歌の一節である。これからは元気な老人は増えるが、暇があっても年金はあまり当てにならなくなるだろう。そこで金のかからぬ、利点の大きい野宿の徒歩旅行を推奨したい。最後にその主な効用をあげてみる。
・宿泊の心配がない。
・一日を十二分に使える。
・自由気ままで、時間に縛られない。

・いろいろなことを考える時間が持てる。
・思わぬ発見に出合い記憶に残る。
・季節の変化を知り、自然のやさしさと厳しさを肌で感じる。
・謙虚な気持ちで人の親切がわかる。
・忍耐力がつき自信と満足感が得られる。
・生きている実感がわき、日常生活の有り難さを知る。
「帰るところがあること、雨露がしのげること、三度の食事ができること、風呂に入れること、手足を伸ばし布団で寝られること」等々、ごくあたり前の生活のなんと幸せなことだろう。

平成十五年十月

飯野頼治

著者紹介

飯野 頼治(いいの よりじ)

・1939年東京都福生市生まれ。早大卒。山村民俗の会会員。
・2000年秩父高校を定年退職。大相撲ファン歴50数年。
・江戸五街道、関東ふれあいの道、東海自然歩道など完歩。
野宿1000余泊。
・主著『百山紀行』(産経新聞社)『両神山』(実業之日本社)
『秩父ふるさと風土図』(有峰書店新社)
『山村と峠道』(エンタプライズ社)
『秩父往還いまむかし』(さきたま出版会)
『秩父今昔ばなし』『秩父の木地師たち』(私家版)
・住所　埼玉県所沢市日吉町20-1

カバーイラスト　とよた 時

旅は歩いて　日本一周・野宿紀行

発　行　2004年4月1日　初版1刷

著　者　飯野頼治
発行者　田中秀幸
発行所　八月舎
〒113-0021　東京都文京区本駒込2-9-21
Tel.Fax: 03-3947-2221　郵便振替 00130-3-86804
E-mail: webmaster@hachigatsusha.com
URL: http://www.hachigatsusha.com/

落丁・乱丁等ございましたら小社宛お送りください。送料当方負担にてお取り替えいたします。

印刷・製本　(株)平河工業社

ISBN 4-939058-05-0
Printed in Japan